	願望	たし	20	願望（…タイ、…テホシイ）	たから	たかり				○	形容詞型	「さす」の連用形
終止形	推量	べし	12	推量（…ニチガイナイ、…ソウダ、…ダロウ）意志（…ウ、…ヨウ、…ツモリダ）適当（…ノガヨイ、…ノガ適当ダ）当然・義務（…ハズダ、…ナケレバナラナイ、…ベキダ）強い勧誘・命令（…ベキダ、…セヨ）可能（…デキル、…デキルハズダ）	べく べから	べく べかり	べし	べき べかる	べけれ	○	形容詞型	活用語の終止形（ラ変・ラ変型の活用語には連体形に接続） ＊ラ変型の活用語…形容詞・形容動詞・ラ変型助動詞
終止形	現在推量	らむ〈らん〉	14	現在推量（今ゴロハ…テイルダロウ）現在の原因推量（…ノダロウ、…ダカラダロウ、〈ドウシテ〉…テイルノダロウ）現在の伝聞（…トカイウ、…ソウダ）現在の婉曲（…テイルヨウナ、…ト思ワレル）推量（…ダロウ）	○	○	らむ〈らん〉	らむ〈らん〉	らめ	○	四段型	
終止形	推定	らし	14	推定（…ラシイ、…ニチガイナイ）	○	○	らし	らし（らしき）	らし	○	特殊型	
終止形	推定	めり	14	推定（…ヨウニ見エル、…ヨウダ）婉曲（…ヨウダ）	○	（めり）	めり	める	めれ	○	ラ変型	
終止形	推定	なり	14	推定（…ヨウダ、…ラシイ、…ニチガイナイ）伝聞（…トイウコトダ、…ソウダ、…ト聞イテイル）	○	なり	なり	なる	なれ	○	ラ変型	
終止形	打消推量	まじ	12	打消推量（…ナイダロウ、…マイ、…ソウニナイ）打消意志（…マイ、…ナイツモリダ）禁止・不適当（…テハナラナイ、…ナイホウガヨイ）打消当然（…ベキデハナイ、…ハズガナイ）不可能推量（…デキナイダロウ、…デキソウニナイ）	まじく （まじから）	まじく まじかり	まじ	まじき まじかる	まじけれ	○	形容詞型	
体言 連体形	断定	なり	16	断定（…ダ、…デアル）存在（…ニアル）	なら	なり に	なり	なる	なれ	（なれ）	形容動詞型	体言・活用語の連体形（一部の助詞や副詞にも接続）
体言	断定	たり	16	断定（…ダ、…デアル）	たら	たり と	たり	たる	たれ	（たれ）	形容動詞型	体言
その他	完了	り	10	存続（…テイル、…テアル）完了（…タ、…テシマッタ）	ら	り	り	る	れ	（れ）	ラ変型	サ変の未然形・四段の已然形（四段については命令形に接続するという説もある）
その他	比況	ごとし	20	比況（…ト同ジダ、…ニ似テイル、…ヨウダ）例示（タトエバ…ノヨウダ、タトエバ…ナドダ）	ごとく	ごとく	ごとし	ごとき	○	○	形容詞型	体言・活用語の連体形・格助詞「が」「の」
その他	比況	やうなり	20	比況（…ヨウダ、…ミタイダ）例示（タトエバ…ヨウダ）様子・状態（…様子ダ、…状態ダ、…ヨウダ）婉曲（…ヨウダ）	やうなら	やうなり やうに	やうなり	やうなる	やうなれ	○	形容動詞型	活用語の連体形・格助詞「が」「の」

はしがき

本書は、『完全マスター古典文法』に完全準拠した問題集として、古典文法の実践的学力の養成を目的として編集しました。

編集にあたっては、次の三つの学習目標が達成できるように配慮しました。

①テキストで学習した事項を確認し、自分のものにする。

②良質の問題練習を積み重ね、解法のパターンを会得する。

③実際の入試問題に挑戦し、実践力・応用力を養う。

古文を読み、親しんでいくために、本書でしっかりと古典文法の実力養成ができるように願っています。

【本書の特色】

1 テキストの配列に従って、二十三の学習項目を立てました。一項目を見開き二ページにまとめ、体系的に文法知識を習得することのできる問題集として編集しました。

2 全体を、**演習編**と**入試実践編**の二部構成としました。

3 **演習編**の各ページは、上段の**学習のポイント**と下段の**練習問題**とで構成しました。

4 **学習のポイント**は、覚えておくべき基礎知識をテキストから厳選し、簡潔にまとめました。表欄や図式・箇条書き等を多用して、覚えやすさを最優先するとともに、テキストの解説と補い合って知識を深めら

目次

演習編

れるようにしました。

5 **練習問題**には、テキスト及び**学習のポイント**で学んだ内容を定着させるための、基本的な設問を用意しました。用例は教科書に採録されている有名作品（箇所）を中心に選び、原則として部分傍訳を付して取り組みやすくしています。

6 **入試実践編**の各ページは、二段組みの**入試問題**と下段の「留意点」とで構成しました。

7 **入試問題**は頻出事項を取り上げ、入試の実態に即した学力を養えるようにしています。用例の表記は原則として出題どおりとしました。

8 **入試問題**には出題大学を示しました。また、設問ごとに学習事項を明示し、仮の得点を配して、達成度を測りやすくしています。

9 参照ページを丁寧に示していますので、適宜テキストにフィードバックして確認することができます。

10 表見返しには、テキストと同じ「文語助動詞活用表」、裏見返しには「文語動詞活用表」「文語形容詞活用表」「文語形容動詞活用表」「文語助詞の意味・用法・接続」「上代の助動詞活用表」「上代の助詞の意味・用法・接続」を採録しました。

11 別冊として、詳しい**解答解説編**（B５判・48ページ・非売品）を用意しています。

12 一ページ一項目で基礎学力の定着を目標とした『完全マスター古典文法準拠ノート〔基礎固め〕』（B５判・48ページ・別売）と、シリーズでご使用いただくことができます。

入試実践編

演習編

第1回

古典文法入門

テキスト参照ページ
⇩一 前見返し裏 二 p.7 三 p.11 四 p.8 五 p.9 六 p.10・12 七 p.10・11

学習のポイント

古文と現代文の違い ⇩p.6

・歴史的仮名遣いと現代仮名遣いの違い
・文語（古語）と口語（現代語）の違い
・古典文法と口語文法の違い

歴史的仮名遣いの読み方 ⇩p.7

1 語中・語尾の「は・ひ・ふ・へ・ほ」⇩「ワ・イ・ウ・エ・オ」
2 次のように母音が重なる場合⇩長音
①アウ（アフ） ⇩オー
②イウ（イフ） ⇩ユー
③エウ（エフ） ⇩ヨー
④オウ（オフ） ⇩オー
3「ゐ・ゑ・を」⇩「イ・エ・オ」
4「ぢ・づ」 ⇩ジ・ズ
5 助動詞「む」などの「む」⇩「ン」

言葉の単位 ⇩p.8・9・11

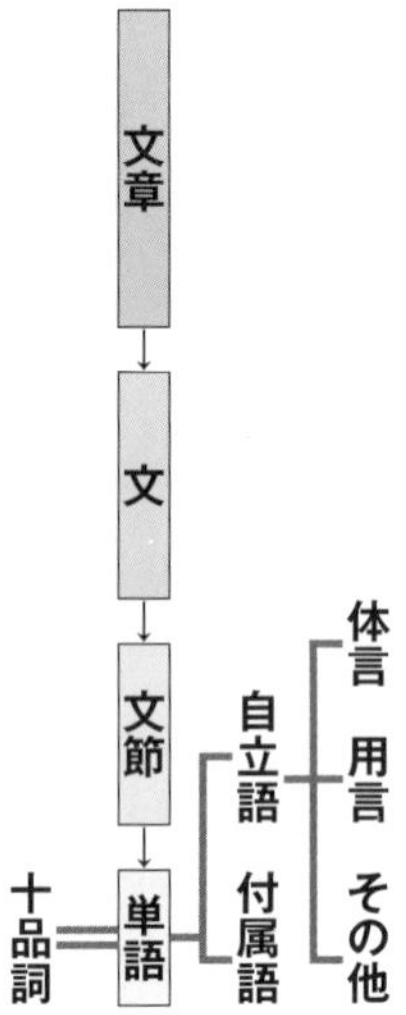

一 ワ行を平仮名と片仮名で書け。

平仮名					
片仮名					

二 次の歴史的仮名遣いの語を、平仮名・現代仮名遣いに改めよ。

1 にほひ（匂ひ）　2 ぬふ（縫ふ）　3 ちやうかう（長江）　4 まんえふしふ（万葉集）
5 くらゐ（位）　6 すゑ（末）　7 うを（魚）　8 あづま（東）

1	2	3	4
5	6	7	8

三 次の空欄に適当な語を入れて、品詞分類表を完成せよ。

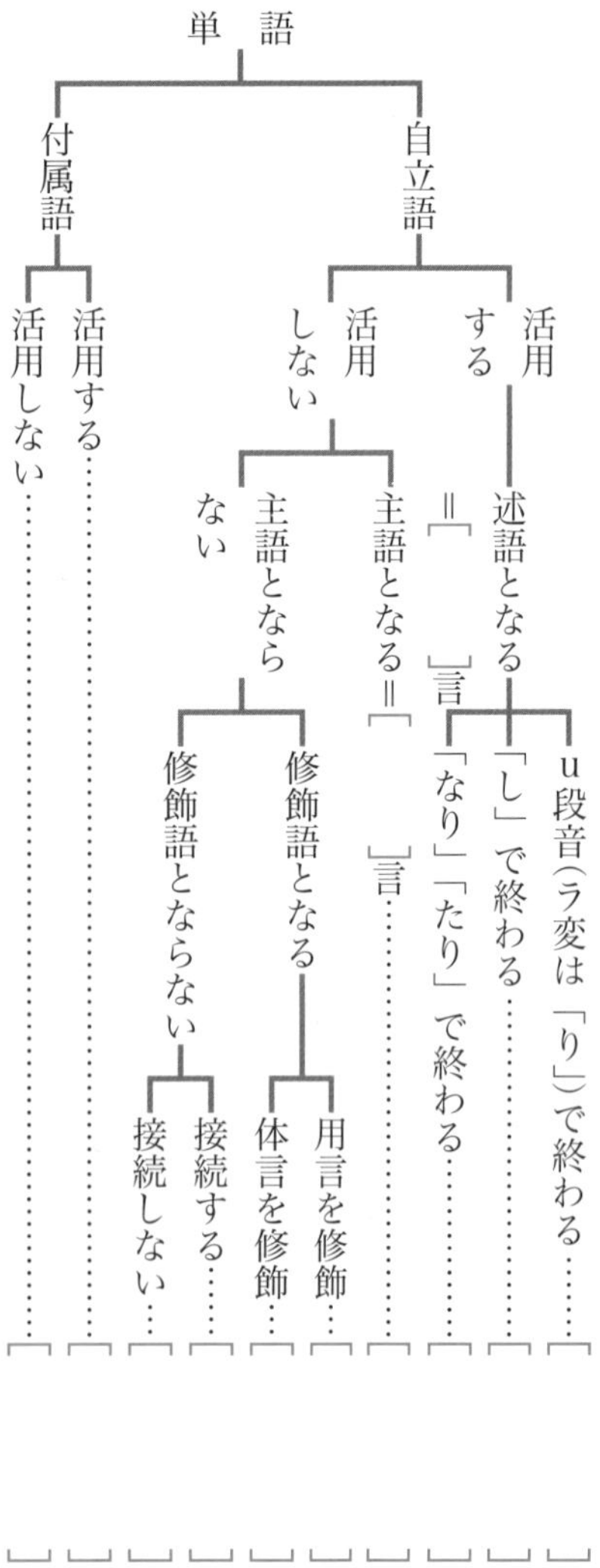

文節の種類
⇒p.10

1 主部・述部
我、思ふ。（主部）（述部）
我、若し。（主部）（述部）
我は、学生なり。（主部）（述部）

2 修飾部
①連用修飾部 我、道を 思ふ。
我、いと 若し。
②連体修飾部 我は、よき 学生なり。

3 接続部 我は、学生 なり。されば、学ぶ。

4 独立部 ああ、我は、学生なり。

文節相互の関係
⇒p.12

1 主・述の関係 我、思ふ。（主・述）
我、若し。（主・述）
我は、学生なり。（主・述）

2 修飾・被修飾の関係
①連用修飾・被修飾の関係 我、道を 思ふ。（連用修飾・被修飾）
我、いと 若し。（連用修飾・被修飾）
②連体修飾・被修飾の関係 我は、よき 学生なり。（連体修飾・被修飾）

3 接続・被接続の関係 我は、学生 なり。されば、学ぶ。（接続・被接続）

4 並立の関係（対等の関係） 若く、賢き 学生。（並立）

5 補助・被補助の関係 我は、学生に 候ふ。（被補助・補助）

6 独立の関係 ああ、我は、学生なり。（独立）

四 次の文を／（斜線）で文節に区切り、さらに、｜（横線）で単語に区切れ。

1 野山にまじりて竹を取りつつ、よろづのことに使ひけり。（竹取物語・おひたち）
野山に分け入って竹を取っては、いろいろな物（を作るの）に使っていた。

五 四の単語から、自立語をすべて抜き出せ。

六 次の傍線部の文節（連文節）相互の関係として適当なものを後から選び、記号で答えよ。

1 ①京には 見えぬ ②鳥なれば、③みな人 見知らず。（伊勢物語・九段）
京では見かけない鳥なので、一行の人はみな見てもわからない。

2 ④あな、いみじ。⑤雀の もの 得て、宝に ⑥し 給ふ。（宇治拾遺物語・四八）
まあ、あきれたこと。雀の（くれた）ものをもらって、宝にしていらっしゃる。

ア 主・述の関係　イ 修飾・被修飾の関係　ウ 接続・被接続の関係
エ 並立の関係　オ 補助・被補助の関係　カ 独立の関係

①	②	③	④	⑤	⑥

七 次の文を例にならって品詞に分けよ。

1 この 一矢（名詞）／に（助詞）／定むべしと思へ。（徒然草・九二段）
この一本の矢で（勝負を）決めようと思え。

2 「おう。」と言ひて、逃げにけり。（宇治拾遺物語・六二）
「おう。」と言って、逃げてしまった。

演習編

第2回 動詞㈠――活用と活用形・正格活用

テキスト参照ページ
⇒一 p.15・32
二三四 p.18〜26

学習のポイント

活用形の種類 ⇒p.15・16

文語	口語	名称の意味	下に続く主な語
未然形	未然形	未《いま》だ然《しか》らず	ず・む・じ・ば
連用形	連用形	用言に連なる	たり・けり・て
終止形	終止形	言い切って終止	。（終止）・べし
連体形	連体形	体言に連なる	とき・こと・が
已然形	×	已《すで》に然《しか》り	ど・ども・り
×	仮定形	仮定条件を表す	ば
命令形	命令形	命令して終止	。（終止）

動詞の活用の種類の変化 ⇒p.15

文語〈九種類〉	口語〈五種類〉
四段　下一段　ナ変　ラ変 ⇒	五段
上一段　上二段 ⇒	上一段
下二段 ⇒	下一段
カ変 ⇒	カ変
サ変 ⇒	サ変

一 次の傍線部（未然形活用語尾）の行と段を、例にならって答えよ。

例 飽かず　1 戦はず　2 避けず　3 落ちず　4 率ゐず

例	1	2	3	4
カ行ア段				

二 次の動詞の活用表を完成させよ。

基本形	語幹	未然形	連用形	終止形	連体形	已然形	命令形	活用する行 活用の種類
騒ぐ								
打つ								
問ふ								
生まる								
蹴る								
飢う								
老ゆ								
帯ぶ								
煮る								
下に続く主な語		ず・む	たり・て	（終止）	とき・こと	ど・ども	（命令）	

正格活用の活用する段　➡p.15

〈四段〉→ a段・i段・u段・e段
〈上一段〉→ i段
〈下一段〉→ e段
〈上二段〉〈下二段〉 u段を基準に上か下か

段						
四段	a	i	u	u	e	e
上二段	i	i	u	uる	uれ	iよ
下二段	e	e	u	uる	uれ	eよ
上一段	i	i	iる	iる	iれ	iよ
下一段	e	e	eる	eる	eれ	eよ

正格活用の見分け方　➡p.18～26・p.35

1 語数が少ないので暗記する

上一段……**干《ひ》る／射《い》る・鋳《い》る／着《き》る／煮《に》る・似《に》る／見《み》る／居《ゐ》る・率《ゐ》る**

（語呂合わせ　ひ・い・き・に・み・ゐ―る）

＋複合動詞（顧《かへり》みる・率《ひき》ゐるなど）

下一段……「**蹴る**」一語だけ。

2 打消の助動詞「ず」を付けて見分ける

四段……未然形の活用語尾がa段

上二段……未然形の活用語尾がi段

下二段……未然形の活用語尾がe段

三　次の傍線部の動詞の基本形（終止形）と活用する行を順に答えよ。

1 春日野《かすがの》の露《つゆ》も色変はり①、三笠山《みかさやま》の嵐《あらし》の音、恨む②さまにぞ聞こえける③。（恨み言を言うように聞こえた）（平家物語・奈良炎上）

2 かきつばたといふ④五文字《いつもじ》を句の上《かみ》に据ゑ⑤て、旅の心をよめ⑥。（伊勢物語・九段）

3 かぐや姫は、「あな《ああ》うれし。」と、喜び⑦てゐ⑧たり。（竹取物語・火鼠の皮衣）

①		行	②	行
③		行	④	行
⑤		行	⑥	行
⑦		行	⑧	行

四　次の傍線部の動詞の活用の種類と活用形を順に答えよ。

1 散々に戦ひ①、かたきあまた射②、引き退《の》く③。（平治物語・上）

2 足を持ち上げ④て、強く蹴れ⑤ば、足に物痛く当たる⑥。（今昔物語集・巻二七ノ一〇）

3 子を恋ふる⑦思ひにまさる⑧思ひなきかな（（亡き）子を恋しく思う（親の）思いに）（土佐日記・一月十一日）

①	活用	形	②	活用	形
③	活用	形	④	活用	形
⑤	活用	形	⑥	活用	形
⑦	活用	形	⑧	活用	形

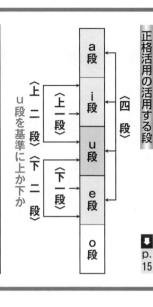

第3回

動詞(二)——変格活用・補助動詞・音便

テキスト参照ページ
⇩ 一二 p.27〜30　三 p.32　四 p.33

学習のポイント

変格活用
⇩ p.15・27〜30

・カ変・サ変・ナ変・ラ変の四種類。
・活用のしかたと所属する語は暗記する。複合動詞にも注意。

カ行変格活用の注意点
⇩ p.27

・「来《く》」一語だけ。

	未然形	連用形	終止形	連体形	已然形	命令形
カ変	こ	き	く	くる	くれ	こ（こよ）
上二段	き	き	く	くる	くれ	きよ

・カ行上二段活用とは未然形と命令形が異なる。
・命令形は、平安時代までは「こ」が多い。

サ行変格活用の注意点
⇩ p.28

・「す」「おはす」の二語だけ。

	未然形	連用形	終止形	連体形	已然形	命令形
サ変	せ	し	す	する	すれ	せよ
下二段	せ	せ	す	する	すれ	せよ

・サ行下二段活用とは連用形が異なる。

ナ行変格活用の注意点
⇩ p.29

・「死ぬ」「往《い》ぬ（去ぬ）」の二語だけ。

一 次の動詞の活用表を完成させよ。

基本形	語幹	未然形	連用形	終止形	連体形	已然形	命令形	活用する行 活用の種類
持て来								
おはす								
興《きょう》ず								
往ぬ								
かかり								
下に続く主な語		ず・む	たり・て	（終止）	とき・こと	ど・ども	（命令）	

二 次の傍線部の動詞を、例にならって文法的に説明せよ。

1 三十騎ばかり、寄り[例]て来[①]るあり[②]。（宇治拾遺物語・一八）

2 重ねてねんごろに修せ[③]むことを期《ご》す[④]。（徒然草・九二段）
　丁寧に修行するようなことを心づもりする

3 わづかに十日ばかりあり[⑤]て死に[⑥]けり。（宇治拾遺物語・一二二）
　わずか十日ほどたって

例	ラ行四段活用動詞「寄る」の連用形。
①	
②	

	未然形	連用形	終止形	連体形	已然形	命令形
ナ変	な	に	ぬ	ぬる	ぬれ	ね
下二段	ね	ね	ぬ	ぬる	ぬれ	ねよ

・ナ行下二段活用とは連体形・已然形だけが同じ。
・ナ行四段に活用する語はない。

ラ行変格活用の注意点 ➡p.30

・「あり」「居《を》り」「侍《はべ》り」「いまそかり」の四語だけ。

	未然形	連用形	終止形	連体形	已然形	命令形
ラ変	ら	り	り	る	れ	れ
四段	ら	り	る	る	れ	れ

・ラ行四段活用とは終止形が異なる。

補助動詞の注意点 ➡p.32

・補助動詞は、品詞としては動詞に属する。
・敬語の補助動詞と、断定の助動詞「なり」とあわせてマスターしよう。

動詞の音便 ➡p.33

イ音便	咲きて➡咲いて　脱ぎたり➡脱いだり
ウ音便	笑ひて➡笑うて　遊びたり➡遊うだり
撥音便	好みて➡好んで　選びたり➡選んだり あるなり➡あんなり➡あなり
促音便	勝ちて➡勝つて　ありたり➡あつたり

③	④	⑤	⑥

三 次の傍線部の語は、A動詞、B補助動詞のどちらか。記号で答えよ。

1 よし見①給へ、「手枕《たまくら》の袖《そで》」忘れ②侍る折や③侍る。（和泉式部日記・十月）
（まあ　「手枕の袖」（という言葉）を）

2 「（雷神モ）一度はしづまらせ④給へりけり。」とぞ、世の人⑤申し⑥侍りし。（大鏡・時平伝）
（お静まりになったそうだ）

①	②	③	④	⑤	⑥

四 次の傍線部の語の音便の種類ともとの形を順に答えよ。

1 なんぢに①会うては名のるまじいぞ。（平家物語・敦盛最期）
（名のるつもりはないぞ）

2 太刀を②抜いて一面に③討つてかかる。（平家物語・能登殿最期）
（並んでいっせいに）

3 あはやと目をかけて④飛んでかかるに、（平家物語・能登殿最期）
（それっと（義経を）目がけて）

4 つひにはかの御心にかかるべきにこそ⑤あめれ。（源氏物語・薄雲）
（紫の上様のお心に頼るのがよいのだと思われる）

①	②	③	④	⑤

第4回 形容詞・形容動詞

テキスト参照ページ
⬇一二 p.36〜38
三 p.41

学習のポイント

形容詞の活用 ⬇p.36

種類	基本形	語幹	未然形	連用形	終止形	連体形	已然形	命令形
ク活用	若し	わか	く から	く かり	し	き かる	けれ	かれ
シク活用	うれし	うれ	しく しから	しく しかり	し	しき しかる	しけれ	しかれ
下に続く主な語			ず・は	なる・けり	(終止)	とき・べし	ど・ども	(命令)

形容詞の活用の種類の見分け方 ⬇p.37

・動詞「なる」を付けて、連用形の活用語尾が「く」になればク活用。「しく」になればシク活用。

ク活用　若し　⬇若く-なる
シク活用　うれし⬇うれしく-なる

形容動詞の活用 ⬇p.38

種類	基本形	語幹	未然形	連用形	終止形	連体形	已然形	命令形
ナリ活用	大きなり	大き	なら	なり に	なり	なる	なれ	(なれ)
タリ活用	平然たり	平然	(たら)	たり と	たり	たる	(たれ)	(たれ)
下に続く主な語			ず	けり なる・して	(終止)	とき	ど・ども	(命令)

一 次の形容詞・形容動詞の活用表を完成させよ。

基本形	語幹	未然形	連用形	終止形	連体形	已然形	命令形	活用の種類
あやし								
太し								
らうらうじ								
清らなり								
颯々《さつさつ》たり								

二 次の傍線部の語について、文法的説明を完成させよ。

1 (水ハ)浅く①て流れたる、はるかに②涼し③。(深くてためてある水よりも)　(徒然草・五五段)

2 いみじく④生ひ先見えて、うつくしげなる⑤かたちなり。(成人したときの美しさが今から想像されて)　(源氏物語・若紫)

3 昔より賢き⑥人の富めるはまれなり⑦。　(徒然草・一八段)

形容動詞の留意点 ⇩p.39

・ナリ活用は和文体で多く用いられ、タリ活用は漢文訓読体や和漢混交文で用いられる。
・タリ活用形容動詞の語幹はすべて漢語である。

形容詞・形容動詞の語幹の用法 ⇩p.40

・形容詞・形容動詞の語幹は独立性が高く、語幹用法がある。シク活用形容詞は終止形が語幹と同じはたらきをする。

語幹で言い切る	感動表現	例 あな**無慚**《むざん》。 ああ無惨なことよ。
語幹＋助詞「の」	連体修飾	例 **猛**《まう》の者 勢力のある者
形容詞語幹＋接尾語「み」	原因・理由	例 潟を**なみ** 干潟がないので
語幹＋接尾語	他の品詞	例 若し→若さ・若ぶ・若げなり

形容詞・形容動詞の音便 ⇩p.41

形容詞	イ音便	若**き**人→若**い**人
	ウ音便	若**く**なる→若**う**なる
	撥音便	若か**る**なり→若か**ん**なり→若かなり
形容動詞	撥音便	大きな**る**めり→大きな**ん**めり→大きなめり

①	［　］活用［　］詞「［　］」の［　］形。
②	［　］活用［　］詞「［　］」の［　］形。
③	［　］活用［　］詞「［　］」の［　］形。
④	［　］活用［　］詞「［　］」の［　］形。
⑤	［　］活用［　］詞「［　］」の［　］形。
⑥	［　］活用［　］詞「［　］」の［　］形。
⑦	［　］活用［　］詞「［　］」の［　］形。

三 次の各文から形容詞・形容動詞の音便形を抜き出し、音便の種類ともとの形を順に答えよ。

1 頼豪《らいがう》、くちをしいことなりとて、三井寺《みゐでら》に帰つて、干死《ひじ》にせむとす。（平家物語・頼豪）
飢え死にしようとする

2 降り積みたるも、めづらしう、をかし。（枕草子・宮に初めて参りたるころ）
（雪が）　いつもと違っていて

3 心をやりて遊ぶと見ゆれど、身はいと苦しかんなり。（紫式部日記・寛弘五年十月）
気ままに　（水鳥）自身はたいそうつらいようだ

4 候《さぶら》ふ人々もさうざうしげなめり。（源氏物語・葵）
お仕えする人々も（出かけないのは）物足りないようだ

1			
2			
3			
4			

演習編

第5回

助動詞(一)—き・けり・つ・ぬ・たり・り

テキスト参照ページ
一二 p.46~50
三四 p.46~50・77

学習のポイント

過去・完了の助動詞 ⇒p.46~50

助動詞	意味	接続	活用
き	過去	連用形	特殊型
けり	過去　詠嘆	連用形	ラ変型
つ	完了　確述（強意）　並列	連用形	下二段型
ぬ	完了　確述（強意）　並列	連用形	ナ変型
たり	存続　完了	連用形	ラ変型
り	存続　完了	サ変の未然形・四段の已然形	ラ変型

過去・完了・存続の違い ⇒p.46~50

・過去——事件や事象がかつてあったことを示す。
かつて……た

・完了——事件や事象が済んでしまったことを示す。
今は……てしまった

・存続——事件や事象が済んで、その結果が今も存在することを示す。
今も……ている

一 次の〈　〉内の助動詞の基本形を、適当な活用形に改めよ。

1 あはれなり〈①き〉ものかな、とみにこそ飛びのかざり〈②き〉。（大鏡・雑々物語）
感慨深い　（鷹は）急には

2 このことかのこと怠らず成じ〈③つ〉む。（徒然草・二四一段）
きっと成し遂げよう

3 興《きよう》なきことを言ひてもよく笑ふにぞ、品のほど計られ〈④ぬ〉べき。（徒然草・五六段）
おもしろくないことを　きっと（その人の）品位の程度を推し測ることができるだろう

4 はや、馬率《ゐ》て参り〈⑤ぬ〉。待ち給ふらむ。（堤中納言物語・はいずみ）
馬を連れて帰参しておしまいなさい　今ごろは（殿が帰りを）待っていらっしゃるだろう

5 句の置きどころを変へ〈⑥たり〉ども、心は同じものなり。（正徹物語・上）
（歌によまれた）心は

6 まことに頼み〈⑦けり〉者は、いと嘆かしと思へ〈⑧り〉。（枕草子・すさまじきもの）
嘆かわしいことだと

①	②	③	④

⑤	⑥	⑦	⑧

二 次の傍線部の助動詞の意味と活用形を答えよ。

1 わがうへを思ふなりけり①と思ふに、いとかなしうなりぬ②。（大和物語・一四九段）
（男は、女が）自分の身の上を　いとしく

2 「わが弓の力は、竜《たつ》あらば、ふと射殺して、頸《くび》の玉は取りてむ③。」（竹取物語・竜の頸の玉）
さっと

3 扇を広げたる④がごとく末広になりぬ⑤。（方丈記・安元の大火）
（延焼は）　ように　末広がりに

4 おのれを知るを、もの知れる⑥人と言ふべし。（徒然草・一三四段）

「き」の力変・サ変への接続
⇒p.47

		終止形き	連体形し	已然形しか
カ変「来」	未然形こ	×	こ-し	こ-しか
	連用形き	×	き-し	（き-しか）
サ変「す」	未然形せ	×	せ-し	せ-しか
	連用形し	し-き	×	×

「き」と「けり」の違い
⇒p.46

・き――直接体験・経験過去・経験回想
・けり――間接体験・伝聞過去・伝聞回想

詠嘆の用法
⇒p.47

・今初めて気づいた驚きや感動を表す。
・和歌や会話文の中で使われることが多い。
・断定＋詠嘆「なりけり」（……タノダナア）の形で現れることが多い。

「つ」と「ぬ」の違い
⇒p.48

・つ――意識的・作為的・動的な動作の完了
・ぬ――無意識的・自然的・静的な動作の完了

確述の意味
⇒p.48

・まだ完了していない動作や状態について、「確実に実現する」意を添える。
・「強意」と異なり、取り除くと意味が通じない。

例 （朝顔ハ）朝日に枯れぬ。（方丈記・ゆく川の流れ）
（朝顔の花は）朝日（が出るころ）にしぼんでしまう。

①	③	⑤

②	④	⑥

三 次の傍線部の助動詞を、例にならって文法的に説明せよ。

1 にはかにしもあらぬ〔例〕にほひ、いとなつかしう住みなしたり①。（徒然草・一〇四段）

2 木の間《こま》よりもりくる月のかげ見れば心づくしの秋は来に②けり③（古今集・一八四）
光を見ると　もの思いの限りを尽くさせる秋が

例	①	②	③
打消の助動詞「ず」の連体形。			

四 次の傍線部を口語訳せよ。

1 「かく人知れぬことは、苦しかりけり。」と、おぼし知りぬらむかし。（源氏物語・夕顔）
このように人に知られぬ恋は　（源氏は）まさに思い知りなさったのだろうよ

2 （実方《さねかた》ハ）行成《ゆきなり》の冠《かぶり》を打ち落として、小庭に投げ捨ててけり。（十訓抄・第八）

3 静かに思へば、よろづに過ぎにし方の恋しさのみぞ、せむ方なき。（徒然草・二九段）
どうしようもなく胸にこみあげる

1	3

2

助動詞(二)—ず・む・むず・べし・じ・まじ

テキスト参照ページ
一 p.51　二 p.52　三 p.54　四 p.56　五 p.51〜56

学習のポイント

打消の助動詞

p.51

助動詞	意味	接続	活用
ず	打消	未然形	特殊型

推量の助動詞

p.52〜55

助動詞	意味	接続	活用
む	推量 意志 適当・勧誘 仮定　婉曲	未然形	四段型
むず			サ変型
べし	推量 意志 適当 当然・義務 強い勧誘・命令 可能	終止形・ ラ変の 連体形	形容詞型

一　次の空欄に助動詞「ず」を活用させて入れよ。

1 人目も今はつつみ給は〈　　〉泣き給ふ。（竹取物語・嘆き）
今はもうお構いにならないで

2 久しから〈　　〉して、亡《ばう》じにし者どもなり。（平家物語・祇園精舎）
長く(栄華を保つこと)はなしに

3 山と坊の間、一丈ばかりには過ぎ〈　　〉けり。（義経記・巻五）
宿坊の　三メートルほど

1	2	3

二　次の傍線部の助動詞の意味と活用形を答えよ。

1 この御社《みやしろ》の獅子《しし》の立てられやう、さだめてならひあることに侍らむ①。（徒然草・二三六段）
お宮の　きっと　いわれのある

2 第一の人に、また一に思はれむ②とこそ思はめ③。（枕草子・御方々、君たち）
(自分も)また第一に

3 あたら敵《かたき》に、犬死にせむずる④こそ、悲しけれ。（義経記・巻六）
もったいないほどよい敵に(会いながら)

①	②
③	④

三　次の傍線部の助動詞の意味と活用形を答えよ。

1 不便《ふびん》なりと見れど、いかがすべから①む。（大鏡・時平伝）
不都合だと思うけれども

2 「(コノ清水ヲ)養老と名づけそめしいはれを、詳しく申すべし②。」（謡曲・養老）
名づけることにした理由を

「む」「むず」「べし」の違い
⇒p.52・55

・む――不確かなことを推量
・むず――「む」を強めた推量
　語源は「む」+「と」+「す」
・べし――確信のある推量
　「む」より強い推量
　語源は「宣《うべ》し」（モットモダ・当然ダ）

人称による意味の見分け方
⇒p.53・55

人称	む		べし
一人称	意志	強め	強い意志
二人称	適当・勧誘	強め	適当・強い勧誘・命令
三人称	推量	強め	確信のある推量

打消推量の助動詞
⇒p.56

助動詞	意味	接続	活用
じ	打消推量　打消意志	未然形	特殊型
まじ	打消推量　打消意志 禁止・不適当 打消当然　不可能推量	終止形・ラ変の連体形	形容詞型

「じ」「まじ」の違い
⇒p.57

・じ――「む」の打消
・まじ――「べし」の打消

3 馬ごとにこはき《手ごわい》ものなり。人の力、争ふべから③ずと知るべし④。（徒然草・一八六段）

①	②
③	④

四 次の空欄に、「じ」または「まじ」を適当な形に活用させて入れ、傍線部を口語訳せよ。

1 我いかで《どうしても》、七月《ふづき》・九月《ながつき》に死にせ〈　　〉。（大鏡・雑々物語）

2 冬枯れのけしきこそ、秋にはをさをさ《少しも》劣る〈　　〉。（徒然草・一九段）

1	2

五 次の傍線部の助動詞の意味を後から選び、記号で答えよ。同じ記号を何度用いてもよい。

1 子も侍らね①ば、（私には）とかく（あなたのことを）とやかく申す人も、よも《まさか》侍らじ②。（宇治拾遺物語・九六）

2 このほかにあるまじ③とは、（ぴったりの句は）いかでか《どうして》知り侍らむ④。（去来抄・先師評）

3 世を厭《いと》はむ⑤人、《俗世を嫌って出家する》たとひ望みありとも、勢ひある人の貪欲《とんよく》多きに《権勢のある人が欲深いのに》似るべから⑥ず⑦。（徒然草・五八段）

ア推量　イ意志　ウ当然　エ命令　オ可能　カ婉曲
キ打消推量　ク打消意志　ケ打消当然　コ禁止　サ不可能推量　シ打消

①	②	③	④	⑤	⑥	⑦

助動詞㈢—らむ・けむ・らし・めり・なり

テキスト参照ページ
⬇一 p.58・59
二 p.60・61
三 p.60
四 p.60

学習のポイント

現在推量・過去推量の助動詞 ⬇p.58・59

助動詞	意味	接続	活用
らむ	現在の｛推量・原因推量・伝聞・婉曲｝ 推量	終止形・ラ変の連体形	四段型
けむ	過去の｛推量・原因推量・伝聞・婉曲｝	連用形	四段型

「む」「らむ」「けむ」の違い ⬇p.58

・む——未来のことを推量
不確かなことを推量
未然形接続

・らむ——現在のことを推量
眼前の事柄の原因を推量
終止形接続

・けむ——過去のことを推量
過去の事柄の原因を推量
連用形接続

一 次の傍線部の助動詞の意味を答えよ。

1 吹くからに秋の草木のしをるればむべ山風をあらしといふらむ　（古今集・二四九）
（吹くとすぐに／なるほど／「荒し」といい、文字で「嵐」と書くのだろう）

2 柏木《かしはぎ》、いとをかし。葉守《はもり》の神のいますらむも、かしこし。　（枕草子・花の木ならぬは）
（葉を守る神がいらっしゃる／恐れ多い）

3 などみをつくし思ひそめけむ　（源氏物語・澪標《みをつくし》）
（どうして／（あなたのことを））

4 議するほどに、丑《うし》にもなりにけむ。　（大鏡・道長伝）
（丑の刻（午前二時ごろ））

5 「若狭《わかさ》へ越え給ひにけむ人は、いつか帰り着き給はむぞ。」　（宇治拾遺物語・一〇八）
（お越しになった）

1	2	3	4	5

二 次の傍線部の助動詞の意味を後から選び、記号で答えよ。

1 降る雪はかつぞ消《け》ぬらし①あしびきの山のたぎつ瀬音まさるなり②　（古今集・三一九）
（降るそばから／わきたつ急流は）

2 修行者《すぎやうざ》だちたる法師の、蓑《みの》うち敷きたるなどが読むなり③。　（枕草子・正月に寺に）

3 蝶《てふ》は、捕らふれば、わらはやみせさすなり④。　（堤中納言物語・虫めづる姫君）
（（人を）熱病にさせる）

4 これ、昔のことなめり⑤。今はいとやすげなり。　（枕草子・思はむ子を）
（法師の生活が大変だったのは／気楽そうだ）

ア 推定　イ 婉曲　ウ 伝聞

推定の助動詞

➡ p.60・61

助動詞	意味	接続	活用
らし	推定	終止形・ラ変の連体形	特殊型
めり	推定　婉曲		ラ変型
なり	推定　伝聞		

「らし」「めり」「なり」の違い

➡ p.61

・らし――客観的事実に基づく推定
　根拠のある推定
・めり――目で見た事柄に基づく推定
　視覚的推定
・なり――耳で聞いた事柄に基づく推定
　聴覚的推定

ラ変型の活用語と「めり」「なり」の接続

➡ p.61

ラ変動詞・ラ変型活用語 ｝連体形「-る」＋｛めり・なり

例 あるめり　例 うれしかるなり

↓

撥音便「-ん」に変化

例 あんめり　例 うれしかんなり

↓

撥音無表記

例 あめり　例 うれしかなり

①	②	③	④	⑤

三　次の傍線部の「らし」の推定の根拠が述べられている部分を抜き出せ。

1　竜田川《たつたがは》もみぢ葉流る神奈備《かんなび》の三室《みむろ》の山に時雨《しぐれ》降るらし（古今集・二八四）
（神の宿るという三室山に）

2　ほととぎす鳴く羽触《はぶ》れにも散りにけり盛り過ぐらし藤波の花（万葉集・四一九三）
（鳴くときに震わせる羽に触れても）

1	2

四　「めり」の意味について説明した次の文の空欄に、後から適語を選んで入れ、記号で答えよ。

1　あはれに言ひ語らひて泣くめれど、涙落つとも見えず。（大鏡・序）
（あはれに：しみじみと）

2　今ひときは心も浮き立つものは、春のけしきにこそあめれ。（徒然草・一九段）
（今ひときは：(秋よりも)もういちだんと）

1は、［①］ことを推定の形で「［②］」と表現した、「めり」の基本的な用法である。2は、作者の考えを述べた一文なので、断定してもよさそうなところだが、［③］の助動詞を用いて、表現をやわらげている。この二つの用法は区別しがたい場合もある。

①ア事実に基づく　イ目で見た　ウ耳で聞いた
②ア……ように見える　イ……にちがいない　ウ……はずだ
③ア推定　イ婉曲　ウ伝聞

①	②	③

第8回 助動詞(四)―まし・なり・たり

テキスト参照ページ
一 p.62〜64
二 p.62
三 p.64
四 p.62〜64

学習のポイント

反実仮想の助動詞

p.62

助動詞	意味	接続	活用
まし	反実仮想 実現不可能な希望 迷い・ためらい	未然形	特殊型

反実仮想の意味

p.63

・反実仮想―もし[A]だったら[B]だろうに

[A]ではないから[B]ではなかったという事実と、そこから生じる心情を強調するために、わざと事実と反対のことを仮定して、結果を想像する。

反実仮想の呼応のしかた

p.63

条件部(未然形＋ば)――帰結部

[A]ましかば――――[B]まし
[A]ませば――――[B]まし
[A]せば*――――[B]まし
[A]ば――――――[B]まし

*「せ」は過去の助動詞「き」の未然形。

一 次の傍線部の助動詞の意味と活用形を答えよ。

1 せずやあらまし①と思ふことは、おほやうは《たいがいは》、せぬはよきなり《しないほうがよいのである》。（徒然草・九八段）

2 あな、うらやましのことや。我に《私のほうに》こそ聞かせ給はまし②か。（宇津保物語・嵯峨院）

3 さだめて霊剣《きっと不思議な働きをする剣》なる③べし。これ天下の珍宝たる④べし。（保元物語・上）

4 壺《つぼ》なる⑤御薬奉れ《召し上がれ》。（竹取物語・昇天）

5 伝へて聞き、学びて知るは、まことの智に⑥あらず。（徒然草・三八段）

①		
②		
③		
④		
⑤		
⑥		

二 次の各文から、例にならって、A「事実に反する仮定の内容」と、B「Aによって導かれた結果」を口語で簡潔に抜き出し、C「事実はどうであったか」を、それぞれ口語で答えよ。

例 (源氏の君ガ)おはせざらましかば《いらっしゃらなかったら》、いかに《どんなにか》心細からまし。（源氏物語・若紫）

1 竜を捕らへたらましかば、またこともなく《難なく》我は害せられなまし《私は傷つけられただろうに》。（竹取物語・竜の頸の玉）

2 あらかじめ君来まさむと《あなたがおいでになるだろうと》知らませば門《かど》に宿にも《屋敷内にも》珠《たま》敷かましを（万葉集・一〇一三）

断定の助動詞

⇒p.64

助動詞	意味	接続	活用
なり	断定 存在	体言 連体形 一部の助詞・副詞	形容動詞型
たり	断定	体言	

「なり」の連用形「に」の見分け方

⇒p.65

1 「に」＋接続助詞「て」「して」

例 にて・にして ……で……であって

2 「に」＋補助動詞「あり」

例 にあり ……だ……である

＊「あり」が敬語化することがある

例 に侍り・に候ふ ……でございます

例 におはします ……でいらっしゃいます

3 「に」＋助詞＋補助動詞

例 にぞある・にやある・にこそあれ

4 「に」＋係助詞（＋補助動詞を省略）

例 にぞ（ある）。・にや（あらむ）。・にこそ（あれ）。

	A	B	C
例	源氏の君がいらっしゃらない	心細い	源氏の君がいらっしゃるから、心細くない（安心だ）
1			
2			

三 次の各文から断定の助動詞をそれぞれ一つ抜き出し、活用形を答えよ。

1 この皮は、唐土《もろこし》にも《中国にも》なかりけるを、からうじて《やっとのことで》求め尋ね得たるなり。（竹取物語・火鼠の皮衣）

2 いかにしたるにかあらむ、（紫の上が）うち笑ひ給へる、いといみじく見ゆ。（源氏物語・野分）

1	2

四 次の傍線部を口語訳せよ。

1 いつはりのなき世《（男女の仲に）》なりせばいかばかり人の言の葉《どれほどあの人の言葉が》うれしからまし（古今集・七一二）

2 人あまたあれど、一人に向きて言ふを、おのづから人も《自然とほかの人も》聞くにこそあれ。（徒然草・五六段）

3 そこなりける岩に、指《および》の血して《血で書きつけた（歌）》書きつけける。（伊勢物語・二四段）

1	2	3

第9回 助動詞㈤――る・らる・す・さす・しむ

学習のポイント

自発・可能・受身・尊敬の助動詞 ⇩p.66

助動詞	意味	接続	活用
る	自発 可能 受身 尊敬	四段・ナ変・ラ変動詞の未然形	下二段型
らる		右以外の動詞の未然形	

「る」「らる」の意味の見分け方 ⇩p.67

1 **知覚動詞＋「る・らる」** →**自発**
例 しのばる・知らる・思ひ出でらる

2 **「る・らる」＋打消・反語** →**可能**
例 ものも言はれず・とどめられで

3 **受身の相手＋「に」＋「る・らる」** →**受身**
例 人に許さる・人におとしめらる
＊受身の相手が示されていない場合もある。

4 **身分の高い人の動作＋「る・らる」** →**尊敬**
例 大臣乗らる・師教へらる

5 **尊敬の動詞＋「る・らる」** →**尊敬**
例 仰せらる

6 **「る・らる」＋「給ふ」** →**尊敬以外**
例 れ給ふ・られ給ふ

一 次の傍線部の助動詞の意味と活用形を答えよ。

1 いとものあはれにて、うち泣かれぬ。（和泉式部日記・十一月）

2 薩摩守《さつまのかみ》、やがて扇を使ひやみて帰られけり。（平家物語・富士川）

3 予は口を閉ぢて眠らむとして、寝《い》ねられず。（奥の細道・松島）

4 問ひつめられて、え答へずなりぬ《答えることができなくなった》。（徒然草・二四三段）

1	3

2	4

二 次の傍線部の助動詞の意味と活用形を答えよ。

1 一寺《ひとてら》《寺中を》求めさすれど、さらに逃げて失せにけり。（大和物語・一六八段）

2 （先ノ后《きさい》ノ宮ハ）御盛りも少し過ぎさせおはしますほどなり。（平家物語・二代后《にだいのきさき》）

3 御供に《お供の中で》、声ある人《よい声をしている人》して、歌はせ給ふ。（源氏物語・若紫）

4 身を危ぶめて砕けやすきこと、珠《たま》を走らしむるに似たり。（徒然草・一七二段）

1	3

2	4

テキスト参照ページ
⇩一 p.66 二 p.68
三 p.66〜68 四 p.66

使役・尊敬の助動詞 ⬇p.68

助動詞	意味	接続	活用
す	使役 尊敬	四段・ナ変・ラ変動詞の未然形	下二段型
さす		右以外の動詞の未然形	
しむ		用言の未然形	

「す」「さす」「しむ」の意味の見分け方 ⬇p.69

1 尊敬語を伴わない ⬇**すべて使役**

①使役の対象が示されている場合

例 人に守ら**す**・人をして捕らへ**さす**

②使役の対象が示されていない場合

文脈によって判断する。

2 下に尊敬語を伴う⬇尊敬が多い(最高敬語・二重敬語)

例 **せ**給ふ・**させ**給ふ・**しめ**給ふ

せおはします・**させ**おはします・**しめ**おはします

＊使役の場合もある。文脈によって判断する。

三 次の傍線部を口語訳せよ。

1 言はむ方なく《何とも言いようもなく》、あはれ《ああ》、①悲しと思ひ嘆かる。(更級日記・野辺の笹原)

2 上より《中宮様の所から》御文《ふみ》持て来て、「返り事、ただいま。」と②仰せられたり。(枕草子・細殿に便なき人なむ)

3 後徳大寺の大臣《おとど》の、寝殿に鳶《とび》③ゐさせじとて、④縄を張られたりけるを、(徒然草・一〇段)

4 鬼の間に帝⑤出でしめ給ひて、召しある折ぞ《お呼びがあるときには》、参り給ひし《(頼忠公は帝の御前に)参上なさった》。(大鏡・頼忠伝)

①	②	③	④	⑤

四 次の傍線部の文法的説明として適当なものを後から選び、記号で答えよ。

1 むげに《ひどく》心劣りせらるるわざなり。(徒然草・一九〇段)

ア サ変動詞「す」＋自発の助動詞「らる」
イ 四段動詞「せる」＋受身の助動詞「る」
ウ サ変動詞「する」＋可能の助動詞「らる」
エ 四段動詞「せらる」＋尊敬の助動詞「る」

2 いかなるものの隈《くま》に隠れありきて《いったいどんな物陰を隠れて歩き回ったからといって》、かく《このように》人にも恨みらるらむ。(源氏物語・紅葉賀《もみぢのが》)

ア 四段動詞「恨む」＋自発の助動詞「らる」
イ 上二段動詞「恨む」＋受身の助動詞「らる」
ウ 上一段動詞「恨みる」＋可能の助動詞「る」
エ 上二段動詞「恨みる」＋尊敬の助動詞「る」

1	2

助動詞㈥―まほし・たし・ごとし・やうなり・音便

テキスト参照ページ
➡ 一 p.70 二 p.71・72 三 p.73

学習のポイント

願望の助動詞 ➡ p.70

助動詞	意味	接続	活用
まほし	願望	動詞・助動詞「す」「さす」「ぬ」の未然形	形容詞型
たし	願望	動詞・助動詞「る」「らる」「す」「さす」の連用形	形容詞型

願望の意味 ➡ p.70

・自己の願望（……タイ）
・自己以外の願望（……タイ）
・他に対する願望（……テホシイ）

一 次の傍線部を口語訳し、「まほし」「たし」の活用形を答えよ。

1 せまほしきこともえせずなど《できずにいたりするのが》あるが、わびしうもあるかな。（更級日記・子忍びの森）

2 げに《なるほど（古歌にいうとおり）》、千歳《ちとせ》もあらまほしき（中宮ノ）御ありさまなるや。（枕草子・清涼殿の丑寅《うしとら》の隅の）

3 常に聞きたきは、琵琶《びは》・和琴《わごん》。（徒然草・一六段）

4 （中将ハ）今一度《いまいちど》立ち帰りたくおぼしけれども《お思いになるけれども》、心弱くてはかなはじと《意志が弱くてはよくないだろうと》、思ひきつてぞ出でられける。（平家物語・重衡被斬《しげひらきられ》）

1		活用形
2		活用形
3		活用形
4		活用形

二 次の各文から助動詞「ごとし」「やうなり」「ごとくなり」を抜き出し、文法的に説明せよ。

1 木《こ》の下闇《したやみ》茂り合ひて《木の下が暗くなるほど葉が》、夜《夜に》行くがごとし。（奥の細道・最上《もがみ》の庄）

2 雲間郭公《うんかんのほととぎす》、海上明月《かいじやうのめいげつ》、これらのごとくは、第二の文字は必ずしもよまず。（無名抄・題の心の事）

比況の助動詞

⇩p.71・72

助動詞	意味	接続	活用
ごとし	比況 例示	体言 連体形 格助詞｛「が」「の」	形容詞型
やうなり	比況 例示 様子・状態 婉曲	連体形 格助詞｛「が」「の」	形容動詞型

助動詞の音便

⇩p.73

イ音便	べき人 ⇩べい人 まじきこと ⇩まじいこと		
ウ音便	べくあり ⇩べうあり まじくは ⇩まじうは まほしくなる ⇩まほしうなる たくなる ⇩たうなる		
撥音便	ざるなり ⇩ざんなり ⇩ざなり たるめり ⇩たんめり ⇩ためり べかるなり ⇩べかんなり ⇩べかなり まじかるめり ⇩まじかんめり ⇩まじかめり なるなり ⇩なんなり ⇩ななり		

3 悔《く》ゆれども取り返さるる齢《よはひ》ならねば、走りて坂を下る輪のごとくに衰へゆく。（徒然草・一八八段）

4 岩越す波の、白き衣《きぬ》をうち着するやうに見ゆるもをかし。（十六夜日記・清見が関）

1	2	3	4

三 次の傍線部の助動詞の音便の種類ともとの形を答えよ。

1 いみじうめでたきこと限りなし。これみなあべいことなり。（栄花物語・巻二）
　あべい：ふさわしいことである

2 なほさらに言ふべうもあらず。（枕草子・木の花は）
　言ふべうもあらず：言うまでもな（くすばらし）い

3 わが得つる道になれば、心ばへもよくなるなんめり。（無名抄・会の歌、姿を分くる事）
　わが得つる道になれば：自分の得意な（歌の）道のことになると

4 これは昔のことなめり。（枕草子・思はむ子を）

5 一人を恨み給ふべきことにもあらざなるに、あやし。（枕草子・弘徽殿《こきでん》とは）
　一人を恨み給ふべきことにも：（私）一人をお恨みになるはずのことでも

1	2	3	4	5

演習編

第11回 助詞(一)——格助詞・接続助詞・副助詞

テキスト参照ページ
一 p.82　二 p.84〜87
三 p.90〜93
四 p.96〜98

学習のポイント

格助詞 ⇩p.81〜87

性質 主に体言・連体形に付いて、その語が文の成分としてどのような働きをするか、下の語に対してどのような資格に立つかを示す。

種類
1 **主格**(…ガ)——が　の
2 **連体修飾格**(…ノ)——が　の
3 **連用修飾格**(…ヲなど)——へ　を　に　と　にて　して　より　から
4 **同格**(…デ)——が　の

接続助詞 ⇩p.89〜94

性質 活用語に付いて、上の文節を下の文節に続ける。

種類
1 **条件接続**——ば　と　とも　ど　ども　ものを　ものの　ものから　ものゆゑ　て　して　が　に　を　ながら
2 **単純接続**——て　して　が　に　を　で　つつ　ながら

一 次の傍線部の格助詞「が」「の」の意味として適当なものを後から選び、記号で答えよ。

1 よろづの①社《やしろ》に額の②かかりたるに、おのれが③もとにしもなきが④あしければ、(額を)かけむと思ふに、(大鏡・実頼伝)

2 いと清げなる僧の⑤、黄なる地の⑥袈裟《けさ》着たるが⑦来て、(更級日記・物語)

3 いかなれば(どうして)、四条大納言の⑧はめでたく、兼久《かねひさ》が⑨はわろかるべきぞ。(宇治拾遺物語・一〇)

ア主格　**イ**連体修飾格　**ウ**同格　**エ**体言の代用　**オ**比喩

①	②	③	④	⑤	⑥	⑦	⑧	⑨

二 次の傍線部の格助詞の意味を、それぞれ漢字二字で答えよ。

1 散りかふ花に道は惑ひぬ　(古今集・一一六)

2 (蟻は)水の上などをただ歩みに歩みありくこそ、をかしけれ。(枕草子・虫は)

3 ありとある人、みな大きなる土器《かはらけ》をささげて泣きけり。(宇治拾遺物語・一一二)

4 わづかに二つの矢、師の前にて一つをおろかにせむと思はむや。(徒然草・九二段)

5 ただ指《および》一つして(戸を)たたくが、その人なりとふと聞こゆるこそ(誰それさんだとすぐにわかるのは)、をかしけれ。(枕草子・内裏の局《つぼね》)

6 (宰相は源氏を)うち見るより、めづらしう、うれしきにも、一つ涙ぞ((悲しさと)一つになった涙が)こぼれける。(源氏物語・須磨)

1	2	3	4	5	6

条件接続の種類

p.89

順接
- **仮定条件**（モシ…タラ）……………未然形＋ば
- **確定条件〈原因・理由〉**（…ノデ）……已然形＋ば
- **確定条件〈偶然条件〉**（…ト）………已然形＋ば
- **確定条件〈恒時条件〉**（…トイツモ）……已然形＋ば

逆接
- **仮定条件**（タトエ…テモ）…終止形＋と・とも
- **確定条件**（…ノニ）………已然形＋ど・ども
- **恒時条件**（…テモイツモ）…已然形＋ど・ども

副助詞

p.96～98

性質 種々の語に付いて、副詞のようにある意味を添えることによって下の用言を修飾する。

種類
- **だに** ①程度の軽いものを示して、より程度の重いものを類推 ②最小限の限定
- **すら** ①一つを示して、それ以外を類推
- **さへ** ①添加
- **のみ** ①限定 ②強意
- **ばかり** ①限定 ②およその程度
- **まで** ①限界 ②程度
- **など** ①例示 ②引用 ③婉曲
- **し・しも** ①強意 ②部分否定

三 次の傍線部の接続助詞の意味として適当なものを後から選び、記号で答えよ。

1 幸ひに神の助けあらば、南の海に吹かれおはしぬべし。（竹取物語・竜の頸の玉）
南の海に(風に)吹かれて漂流なさってしまうだろう

2 月明ければ、いとよくありさま見ゆ。（土佐日記・二月十六日）

3 夕されば小倉《をぐら》の山に鳴く鹿《しか》は今夜《こよひ》は鳴かず寝《い》ねにけらしも（万葉集・一五一一）
夕方になる　寝てしまったらしいよ

4 日をだにも天雲《あまぐも》近く見るものを都へと思ふ道のはるけさ（土佐日記・一月二十七日）
(遠くにある)太陽でさえも空の雲近くに見える

5 よろづのことを知り、才学並びなくして、琴をぞめでたく弾きける。（唐物語・五）

6 都へと思ふをものの悲しきは帰らぬ人のあればなりけり（土佐日記・十二月二十七日）
(懐かしい)都へ(帰れる)

ア 順接の仮定条件　イ 順接の確定条件〈原因・理由〉
ウ 順接の確定条件〈偶然条件〉　エ 順接の確定条件〈恒時条件〉
オ 逆接の仮定条件　カ 逆接の確定条件　キ 単純接続

1	2	3	4	5	6

四 次の傍線部の副助詞の意味として適当なものを後から選び、記号で答えよ。

1 病《やまひ》つき給ひし日よりして、水をだに①のどへも入れ給はず。（平家物語・入道死去）
日からして

2 今宵《こよひ》だに②人静めて、いととく逢はむ。（伊勢物語・六九段）
寝静まらせて

3 雨風、岩も動くばかり③降りふぶきて、神さへ④鳴りてとどろくに、（更級日記・和泉）

4 門《かど》のわたりをたたずめば、昨日の子しも⑤走る。（堤中納言物語・貝合《かひあはせ》）
(少将が)

ア 類推　イ 添加　ウ 限定　エ 強意
オ 程度　カ 限界　キ 最小限の限定

①	②	③	④	⑤

演習編

第12回 助詞(二)—係助詞・終助詞・間投助詞

テキスト参照ページ
➡一二 p.102
三 p.105〜107
四 p.100・103・105・109

学習のポイント

係助詞 ➡p.99〜101

性質 種々の語に付いて、強意・疑問・反語などの意味を添え、文末を一定の結び方にする。

種類 は も
ぞ なむ こそ や(やは) か(かは)

係り結びの法則 ➡p.102

意味	係助詞	結びの活用形
強意	ぞ なむ	連体形
疑問・反語	や(やは) か(かは)	連体形
強意	こそ	已然形

係り結びの留意点 ➡p.102・103

・**結びの省略**—結びとなる語(語句)が文脈から類推できる場合、省略する場合がある。
・格助詞「と」+係助詞…「言ふ」「聞く」など
・断定の助動詞「に」+係助詞…「あり」など
・**結びの流れ(結びの消滅)**—結びとなるべき語に接続助詞が付くなどして下に続く。
・**「こそ」—已然形の逆接用法**—「こそ」—已然形で

一 次の傍線部の係助詞の結びの語に傍線を付し、結びの語の活用形を答えよ。

1 なりは《形は》塩尻《しほじり》のやうになむありける。(伊勢物語・九段)

2 わが身は今ぞ消え果てぬめる (伊勢物語・二四段)

3 我も見奉る《拝見する》こともやある。(宇治拾遺物語・一〇四)

4 「何の用にかあらむ。」と申す。(竹取物語・燕の子安貝)

5 世の人は、十七、八よりこそ経読み、行ひも《勤行も》すれ、さること《(私は)そんなことは》思ひかけられず。(更級日記・子忍びの森)

1	2	3
4	5	

二 次の〈 〉内の語にかかる係助詞に傍線を付し、〈 〉内の語を適当な活用形に改めよ。

1 生まれ死ぬる人、いづ方より来たりて、いづ方へか〈 去る 〉。(方丈記・ゆく川の流れ)

2 折ふし《季節が》の移り変はるこそ、ものごとに〈 あはれなり 〉。(徒然草・一九段)

3 よき人は《教養のある人は》、知りたることとて、さのみ《そうむやみに》知り顔にやは〈 言ふ 〉。(徒然草・七九段)

4 駿河《するが》の国にあるなる山なむ、この都も近く天も近く〈 侍り 〉。(竹取物語・ふじの山)

5 その煙《けぶり》、いまだ雲の中へ立ち上るとぞ言ひ伝へ〈 たり 〉。(竹取物語・ふじの山)

文が終わらずに下に続く場合、逆接の意味になる。

・**会話文中の係り結び**―会話文や引用文・挿入句などは、その中で係り結びが成立する。

・**疑問・反語の副詞**―文末に連体形を要求する。

終助詞 p.105～107

性質 文末にあって、種々の語に付いて、禁止・願望・詠嘆・念押しなどの意味を添える。

種類
- ***1*禁止** な　そ
- ***2*願望** ばや　なむ　しが(しか)　もがな・がな　てしが・てしがな　(てしか・てしかな)　にしが・にしがな　(にしか・にしかな)
- ***3*詠嘆** な　か・かな　は　よ
- ***4*念押し** かし　ぞ

間投助詞 p.109

性質 文中、または文末にあって、語調を整えたり、詠嘆・呼びかけなどの意味を添えたりする。

種類 や　を

三 次の傍線部の助詞の意味として適当なものを後から選び、記号で答えよ。

1 武蔵野《むさしの》は今日はな焼きそ①若草の妻もこもれり我もこもれり　(伊勢物語・一二段)

2 いかで《何とかして》、鳥の声もせざらむ山にこもり《隠れている》にしがな②。　(宇津保物語・俊蔭《としかげ》)

3 返す返す《本当にまあ》うれしく対面《たいめ》したるかな③。　(大鏡・序)

4 我はこのごろわろき(器量が)ぞ④かし⑤。　(更級日記・物語)

ア禁止　**イ**詠嘆　**ウ**念押し　**エ**自己の願望　**オ**他に対する願望

1	2	3	4	5

①	②	③	④	⑤

四 次の傍線部を口語訳せよ。

1 あなかま《しっ静かに》、人に聞かすな①。わづらはしきこともぞある②。　(源氏物語・手習《てならひ》)

2 たれもかくおぼゆるにや③。　(徒然草・七一段)

3 思ふやうならむ《理想どおりであるような》人を据ゑて住まばや④。　(源氏物語・桐壺)

4 我と思はむ人々は、高綱《たかつな》に組めや⑤。　(平家物語・宇治川先陣)

①	②	③	④	⑤

第13回

名詞・連体詞・副詞・接続詞・感動詞

テキスト参照ページ
一 p.114
二 p.116・120・122
三 p.117
四 p.118

学習のポイント

名詞の種類 p.114

1 普通名詞 同じ種類に属する事物を広く指す。
例 山　花　人　日記　鳥　都

2 固有名詞 地名・人名など、特定のものを表す。
例 三輪山　山桜　紀貫之　更級日記　鶯　京

3 数詞 事物の数量や順序などを表す。
例 一つ　二本　三人　四巻　五羽　百代

4 代名詞 名前の代わりに事物を直接指す。
①人代名詞 例 こ　そ　か　たれ　わ　われ
②指示代名詞 例 こ　そ　か　何　いづこ

5 形式名詞 具体的な意味を失い、形式的な意味を表す。上に連体修飾語を必要とする。
例 こと　もの　ため　とき　ころ　ほど

副詞の種類 p.117

1 状態の副詞 動作・作用の状態を詳しく説明。
例 かく　しか　すでに　はるばる

2 程度の副詞 性質や状態の程度を詳しく説明。
例 あまた　いと　少し　はなはだ

3 呼応の副詞 下の語句と呼応して、叙述のしかたを限定。

一 次の傍線部の名詞は、ア普通名詞、イ固有名詞、ウ数詞、エ代名詞、オ形式名詞のどれに相当するか、記号で答えよ。

1 ①三月《みつき》ばかりになる②ほど《ほど》に、よきほどなる③人《一人前の大きさの人》になりぬれば、（竹取物語・おひたち）

2 ④芥川《あくたがは》といふ⑤河を率《ゐ》て行きければ《(女を)連れて行ったところ》、草の⑥上に置きたりける《降りていた》露を、「⑦かれは⑧何ぞ。」となむ男に問ひける。（伊勢物語・六段）

①	②	③	④	⑤	⑥	⑦	⑧

二 次の各文からア連体詞、イ接続詞、ウ感動詞のいずれかを抜き出し、記号で答えよ。

1 あはれ、昨日翁丸《おきなまろ》をいみじうも打ちしかな《ひどく打ったことよ》。（枕草子・上に候ふ御猫は）

2 思ひ出でて《(男は)》、ありし女のがり《もとへ》行きたりけり。（大和物語・一四九段）

3 東人《あづまうど》は《東国の人は》、わが方なれど《自分の出身地ではあるが》、げには心の色《人情味が》なく、ひとへに《ただもう》すくよかなる《一本気な》者なれば、初めよりいなと言ひてやみぬ《いやだと言ってすんでしまう》。（徒然草・一四一段）

4 昔、男、ねんごろに《熱心に》、いかでと思ふ女《(手に入れたい)と思う女が》ありけり。されど、この男を《(女は)》あだなりと《うわついていると》聞きて、つれなさのみまさりつつ《冷淡さばかりが増していって》、言へる《よんだ(歌)》。（伊勢物語・四七段）

1	2	3	4

呼応の副詞の種類 ➡ p.118

1 **打消** 例 **つゆ…ず**（全く…ない）
2 **疑問** 例 **いかで…**連体形（どうして…か）
3 **反語** 例 **あに…や**（どうして…か、いや、…ない）
4 **禁止** 例 **ゆめ…な**（決して…な）
5 **仮定** 例 **もし…ば**（もし…たら）
6 **推量** 例 **さだめて…む**（きっと…だろう）
7 **願望** 例 **いつしか…ばや**（早く…たい）
8 **比況** 例 **あたかも…ごとし**（まるで…ようだ）
9 **当然** 例 **まさに…べし**（当然…はずだ）

接続詞の種類 ➡ p.120

1 **条件接続**
- ①順接 例 さらば
- ②逆接 例 さるを

2 **対等接続**
- ①並列・添加 例 および
- ②選択・対比 例 あるいは
- ③同格・言い換え 例 すなはち

3 **その他の接続**
- ①補足 例 ただし
- ②話題転換 例 さて

感動詞の種類 ➡ p.122

1 **感動** 例 ああ　あな　あはや　すは
2 **呼びかけ** 例 いかに　これ　なう　や　いざ
3 **応答** 例 いさ　いな　いや　えい　おう

三 次の傍線部の副詞は、ア状態の副詞、イ程度の副詞、ウ呼応の副詞のどれに相当するか、記号で答えよ。

1 ①たちまちに王氏を出でて、人臣に連なる。（平家物語・祇園精舎）
（王氏を出でて：皇族を離れて／人臣に：臣下（の列）に）

2 ②いとはつらく見ゆれど、こころざしはせむとす。（土佐日記・二月十六日）
（つらく見ゆれど：薄情だとは思われるけれども／こころざしは：お礼は）

3 みな人泣きて、③えよまずなりにけり。（大和物語・二段）
（えよまずなりにけり：（歌を）よむことができなくなってしまった）

4 ④かばかりめでたきことは⑤よも侍らじ。（無名草子・文）

①	②	③	④	⑤

四 次の傍線部の呼応の副詞について、呼応している語句を答えよ。

1 （女は）いかでこの男にもの言はむと思ひけり。（伊勢物語・四五段）
（もの言はむと：愛を告白しようと）

2 兼盛《かねもり》もいかでこれほどの歌よむべき。（沙石集・巻五ノ六）
（これほどの歌：これほどの（すぐれた）歌を）

3 心はなどか、賢きより賢きにも移さば移らざらむ。（徒然草・一段）
（賢きより賢きにも：（今）賢いよりも（さらに）賢いほうへ）

4 人はいさ心も知らずふるさとは花ぞ昔の香ににほひける（古今集・四二）
（ふるさとは：昔なじみのこの土地は／昔の香に：昔のままの香りで）

5 いつしか返り事聞かむ。（枕草子・小白河といふ所は）

6 師の説にたがふとて、なはばかりそ。（玉勝間・四六段）

1	2	3

4	5	6

演習編

第14回

敬語表現法㈠――敬語の語彙

テキスト参照ページ
一 p.126・129・131・133・134
二 p.126・129・130・133
三 p.137

学習のポイント

敬語表現の種類 ➡p.125

尊敬表現	話し手(書き手)が、話題の中の動作をする人を敬う表現 ➡為手《して》尊敬
謙譲表現	話し手(書き手)が、話題の中の動作を受ける人を敬う表現➡受け手尊敬
丁寧表現	話し手(書き手)が、聞き手(読み手)を敬う表現 ➡聞き手尊敬

おもな尊敬語の動詞 ➡p.126・p.129〜131

おはす（いらっしゃる）　のたまふ（おっしゃる）
御覧ず（御覧になる）　聞こしめす（お聞きになる）
おぼす（お思いになる）　しろしめす（お治めになる）
たまふ（お与えになる）　大殿籠《おほとのごも》る（お休みになる）
召す（お呼びになる）　あそばす（なさる）

おもな謙譲語の動詞 ➡p.126・p.132〜135

申す・聞こゆ（申し上げる）
参る・まうづ（伺う・参上する）
まかる・まかづ（ご退出する・参る）
参らす・参る・奉る（差し上げる・献上する）
給ふ・給はる・承る（いただく）
侍り・候ふ（おそばにお控えする・お仕えする）

一 **次の文語の敬語動詞について、①後のどの語の敬語か、②敬語の種類、③意味を、例にならって答えよ。**

		①	②	③
例	御覧ず	見る	尊敬語	御覧になる
1	おはす			
2	まかる			
3	遊ばす			
4	聞こゆ			

あり　出づ　言ふ　思ふ　す　寝《ぬ》　乗る

二 **次の傍線部の敬語の種類を、A尊敬語、B謙譲語、C丁寧語から選び、意味を後のア〜ウから選んで、それぞれ記号で答えよ。**

1 大后宮《おほきさいのみや》（皇太后）おはしましける西の対《たい》（御殿の西の対の屋に）に住む人ありけり。（伊勢物語・四段）

ア住んでいらっしゃる　**イ**お出かけになる　**ウ**…でいらっしゃる

2（猟師ハ）餌袋《ゑぶくろ》（食料を入れる袋に）に干飯《ほしいひ》など入れて、（聖《ひじり》ノモトヘ）まうでたり。（宇治拾遺物語・一〇四）

アおいでになる　**イ**参上する　**ウ**行きます

丁寧語の動詞 ⇩p.126・136

侍り・候ふ（あります・おります・ございます）

敬語の補助動詞 ⇩p.126

尊敬 おはす・います・給ふ（お…になる）
謙譲 聞こゆ・申す・奉る（お…申し上げる）
丁寧 侍り・候ふ（…です・…ます）

二種類の用法を持つ敬語 ⇩p.137

語	種類	品詞	意味
給ふ	尊敬語	四段動詞 四段補助動詞	お与えになる お…になる
	謙譲語	下二段動詞 下二段補助動詞	いただく お…申し上げる
参る	尊敬語	動詞	召し上がる
	謙譲語	動詞	伺う・差し上げる・してさしあげる
奉る	尊敬語	動詞	召し上がる・お乗りになる・お召しになる
	謙譲語	動詞 補助動詞	差し上げる お…申し上げる
侍り 候ふ	謙譲語	動詞	おそばにお控えする・お仕えする
	丁寧語	動詞 補助動詞	あります・おります …です・…ます

3（民部卿は）「いみじきわざかな《えらいことだなあ》。」とおぼしたり。（大鏡・道隆伝）

ア お思いになる　**イ** 存じ上げる　**ウ** 思います

4（光源氏ガ）「しるしありな《霊験があることだなあ》。」とのたまふも、いとめでたし。（源氏物語・澪標）

ア おっしゃる　**イ** 申し上げる　**ウ** 言います

1	2	3	4

三 **次の傍線部の敬語は二種類の用法をもつ。敬語の種類を、A尊敬語、B謙譲語、C丁寧語から選び、意味を後のア～シから選んで、それぞれ記号で答えよ。**

1（桐壺の更衣ハ宮中ニ）皇子《みこ》をばとどめ奉り①て、忍びてぞ出で給ふ②。（源氏物語・桐壺）

2（俊成《としなり》ガ俊恵《しゅんゑ》ニ）「いさ《さあ》、よそにはさもや《よそではそのようにも》定め侍る③らむ、知り給へ④ず。」（無名抄・俊成自賛歌事）

3（左大臣ハ源氏ヲ）わが御車に乗せ奉り⑤給う⑥て、みづからは引き入りて《ご自分は下座に引き下がって》奉れ⑦り。（源氏物語・若紫）

4（内大臣ハ）「夕つ方、（姫君ヲ）迎へに参り⑧侍ら⑨む。」と、出で給ひ⑩ぬ。（源氏物語・乙女）

ア お与えになる　**イ** 召し上がる　**ウ** お召しになる　**エ** お乗りになる
オ いただく　**カ** お仕えする　**キ** 差し上げる　**ク** 伺う
ケ おります　**コ** お…になる　**サ** お…申し上げる　**シ** …です・…ます

①	②	③	④	⑤
⑥	⑦	⑧	⑨	⑩

第15回 敬語表現法(二)―敬語の実践

テキスト参照ページ
➡ 一 p.143 二 p.140 三 p.140 四 p.141

学習のポイント

敬意の主体と対象 ➡p.143

1 地の文で使われている場合

①**尊敬語**―書き手から動作をする人への敬意
②**謙譲語**―書き手から動作を受ける人への敬意
③**丁寧語**―書き手から読み手に対する敬意

2 会話文で使われている場合

①**尊敬語**―話し手から動作をする人への敬意
②**謙譲語**―話し手から動作を受ける人への敬意
③**丁寧語**―話し手から聞き手に対する敬意

二方面に対する敬語 ➡p.140

・話し手(書き手)が動作をする人と動作を受ける人の両方を同時に敬う表現。

例 大臣《おとど》、内裏に**参り給ふ**。(参上なさる)
謙譲語―帝に対する敬意
尊敬語―大臣に対する敬意

最高敬語 ➡p.140

・動作をする人が天皇・皇后など、最高階級の人の場合に用いられる敬語。

1 一語の動詞になっているもの

一 次の傍線部の敬語の種類を、A尊敬語、B謙譲語、C丁寧語から選び、誰から(→)誰への敬意を表しているか、答えよ。

1 藤壺、(光る君ト)並び給ひ①て、(帝ノ)御おぼえもとりどりなれば、輝《かかや》く日の宮と聞こゆ②。(源氏物語・桐壺)

2 (仏御前ガ清盛ニ)「祇王《ぎわう》御前の思ひ給は③む《ご寵愛も》心のうち《心のうち(を思うと)》、恥づかしう候ふ④。」(平家物語・祇王)

3 (源氏ガ夕顔ニ)「ならひ給へ⑤りや。」とのたまふ⑥。(源氏物語・夕顔)

①		↓
②		↓
③		↓
④		↓
⑤		↓
⑥		↓

二 次の傍線部の敬語の種類を、A尊敬語、B謙譲語、C丁寧語から選び、誰から(→)誰への敬意を表しているか、答えよ。

1 大納言殿の、(中宮ノモトニ)参り①給へ②るなりけり。(枕草子・宮に初めて参りたるころ)

2 (源氏ガ姫君ニ)「この(母君へノ)御返りは、みづから聞こえ③給へ④。」(源氏物語・初音)

①		↓
②		↓
③		↓
④		↓

例 おはします（おはす＋ます）（いらっしゃる）

2 動詞＋尊敬の助動詞＋尊敬の補助動詞

例 帰ら**せ給ふ**（お帰り**になる**）

・会話文・手紙文などでは、最高階級の人以外の動作にも広く使われる。

絶対敬語 p.141

・最高階級の人に対してのみ用いられる敬語。

・動詞は「言ふ」の謙譲語の「奏す」「啓す」だけ。

例 奏す（天皇・上皇・法皇に申し上げる）

例 啓す（皇后・皇太子に申し上げる）

自敬表現 p.141

・帝などが、自分の動作に尊敬語を用いたり、相手の動作に謙譲語を用いたりして、自分に敬意を表す表現。

例（帝ガかぐや姫ニ）「なほゐて**おはしまさ**む。」（竹取物語・帝の求婚）

（帝がかぐや姫に）「やはり連れて**おいでになる**つもりだ。」

自分の動作に尊敬語「おはします」を用いて、権威を表している。

三 次の傍線部には最高敬語が用いられている。誰から（→）誰への敬意を表しているかを答え、傍線部を口語訳せよ。

1 法皇も大きに驚かせおはします。①（平家物語・法皇被流《ながされ》）

2（帝ハ顕宗《あきむね》ノ笛ヲ）日ごろも上手とは聞こしめしつれど、②かばかりはおぼしめさず。③（十訓抄・第一）

かばかり：これほど（すぐれている）とは

3（大臣ガ姫君ニ）「古今の歌二十巻《はたまき》をみなうかべさせ給ふを、④御学問にはせさせ給へ。⑤」（枕草子・清涼殿の丑寅の隅の）

古今の：『古今集』の

①	→	
②	→	
③	→	
④	→	
⑤	→	

四 次の各文は、いずれも『枕草子』の一部分である。A傍線部「啓すれば」を口語訳し、B波線部の動作の主語を後からそれぞれ選んで、記号で答えよ。

1（中宮ノ）御前に参りてままの啓すれば、また笑ひ騒ぐ。①（枕草子・僧都《そうづ》の御乳母《めのと》のままなど）

ままの：まま（乳母の愛称）が

2（私ガ）童《わらは》に教へられしことなどを啓すれば、いみじう笑はせ給ひて、②（枕草子・殿などのおはしまさでのち）

ア中宮　**イ**僧都の乳母のまま　**ウ**作者（私）　**エ**作者の同僚の女房たち

A	
B ①	
B ②	

第16回 修辞法

テキスト参照ページ
一 p.144　二 p.145
三 p.146　四 p.146
五 p.145・146・147

学習のポイント

枕詞

p.144

・下の特定の語にかかる、**固定的**な飾りの言葉。
・声調を整えたり、余韻を与えたりする効果がある。
・普通**五音節**からなる。
・意味が不明のものが多く、普通口語訳しない。

例 あをによし（青丹よし）― 奈良
例 いさなとり（鯨取り）―― 海　浜　灘《なだ》　湖
例 たまくしげ（玉匣）―― ふた　箱　開く

序詞

p.145

・下の語句を導き出す、**独創的**な前置きの言葉。
・導かれる語句も特定のものではない。
・具体的なイメージや背景を与える効果がある。
・普通**七音節以上**からなる。
・情景が歌意と響き合うので、普通口語訳する。

例 住江《すみのえ》の岸に寄る波 **〔掛詞による序詞〕**
→ 夜さへや夢の通ひ路《かよひぢ》人目よくらむ　（古今集・五五九）
住江の岸に寄る波ではないが、夜までも、どうして夢の中の通い路で（あなたは）人目を避けるのでしょうか。

一 次の和歌の空欄に入れるのに適当な枕詞を後から選び、記号で答えよ。また、枕詞がかかっている言葉に傍線を施せ。

1 〈　　〉はるの山べを越え来れば道もさりあへず花ぞ散りける　（古今集・一一五）
（道を避けて通ることもできないほどに）

2 〈　　〉山川の瀬の鳴るなへに弓月《ゆづき》が嶽《たけ》に雲立ちわたる　（万葉集・一〇八八）
（音を立てるのにつれて）

3 我妹子《わぎもこ》に恋ふるに吾《あれ》は〈　　〉短き命も惜しけくもなし　（万葉集・三七四四）
（かわいいあの娘を／惜しいことがない）

ア あしびきの　イ あづさゆみ　ウ あらがねの
エ たまきはる　オ ちはやぶる　カ ひさかたの

1	2	3

二 次の和歌の序詞に傍線を付し、それが導き出している語を答えよ。

1 みかきもり衛士《ゑじ》のたく火の夜は燃え昼は消えつつものをこそ思へ　（詞花集・二二四）
（皇居の門を守る衛士が／もの思いをすることだよ）

2 わが背子《せこ》が衣はるさめ降るごとに野べの緑ぞ色まさりける　（古今集・二五）
（私の夫の）

3 東路《あづまぢ》の小夜《さや》の中山なかなかに何しか人を思ひそめけむ　（古今集・五九四）
（なまじっか／なんだってあの人を）

1	2	3

三 次の傍線部の言葉は何と何との掛詞か、例にならって漢字を用いて答えよ。

1 ながむれば山より出でて行く月も世にすみわびて山にこそ入れ　（源氏物語・早蕨《さわらび》）
（もの思いにふけって見ていると）

2 逢ふことも今はなき寝の夢ならでいつかは君をまたは見るべき　（新古今集・八一一）
（再び見ることができようか、いや、できない）

掛詞 p.146

・同音を利用して、一つの言葉で複数の意味を表す技法。
・表現内容を豊かにする効果がある。

例 身を**うき**草の根を絶えて（古今集・九三八）
＝わが身を**憂き**ものと思って
＝**浮き**草が根がなくて（漂うように）

縁語 p.146

・歌の中の語と意味の関係の深い語（をことさら用いる技法）。
・連想によってイメージを豊かにする効果がある。

例 八重《やへ》桜今日九重《ここのへ》に匂ひぬるかな（詞花集・二七）
＝宮中・内裏の意―「八重」の縁語

本歌取り p.146

・本歌（古歌）の一節を取り入れる技法。
・本歌の世界が重なって、余情を深める効果がある。

体言止め p.147

・第五句（結句）を体言（名詞）で止める技法。
・余情・余韻を深める効果がある。

その他の修辞 p.146

・**物の名**……歌の中に物の名を隠してよみこむ。
・**折句**……物の名を一音ずつ各句の頭に置いてよむ。

3 あらたまの年の終はりになるごとに雪もわが身もふりまさりつつ（古今集・三三九）

例	1	2	3
秋と飽き			

四 **次の□の語の縁語を、解答欄の数に合わせて順に抜き出せ。**

1 うたが**はし**ほかに渡せるふみ見ればここやとだえにならむとすらむ（蜻蛉日記・天暦九年）
疑わしいこと　私の所へ来るのは途絶えようとしているのだろうか

2 逢はぬ夜の降る白**雪**と積もりなば我さへともに消《け》ぬべきものを（古今集・六二一）
あなたに逢わない夜が　白雪のように　雪が消えるのとともに死んでしまいそうだよ

1	2

五 **和歌の修辞について説明した次の各文に適当な言葉を入れて、説明を完成させよ。**

1 見渡せば花も紅葉もなかりけり浦の苫屋《とまや》の秋の夕暮れ（新古今集・三六三）
漁師の苫ぶきの小屋が点在する海辺の

上の句と下の句が倒置された［①］切れの歌である。［②］の技法を用いて余情を与えている。

2 川風の涼しくもあるか打ち寄する波とともにや秋は立つらむ（古今集・一七〇）
川風がなんと涼しいことよ

詠嘆の終助詞があるので、［③］切れの歌である。秋が来ることを「立つ」と表現したのは「波」の［④］だからであり、波が「立つ」と秋が「立つ」とが［⑤］になっている。

ア枕詞　**イ**序詞　**ウ**掛詞　**エ**縁語　**オ**体言止め　**カ**物の名
キ初句　**ク**二句　**ケ**三句　**コ**四句

①	②	③	④	⑤

品詞・用言・係り結び

□品詞分解
一 **傍線部は何語で構成されているか。適当なものを後から選び、記号で答えよ。**（愛知学院大）〔3点〕

・地蔵菩薩《ぢざうぼさつ》を一体つくりたてまつりたりけるを、開眼もせで、櫃《ひつ》にうち入れて、（宇治拾遺物語・七〇）

ア三語　**イ**四語　**ウ**五語
エ六語　**オ**七語

□品詞分解
二 **傍線部の文法的説明として適当なものを後から選び、記号で答えよ。**（神戸学院大）〔3点〕

・老いぬる人のさもなくてもあらめなどいふ人もあるべければ、あなかしこ《決して》、人には語るべからず。（折たく柴の記・上）

ア副詞＋係助詞＋形容詞＋接続助詞＋助動詞＋助動詞
イ代名詞＋係助詞＋形容詞＋接続助詞＋係助詞＋動詞＋助動詞
ウ副詞＋形容詞＋接続助詞＋動詞＋助動詞
エ代名詞＋係助詞＋形容詞＋接続助詞＋動詞＋助動詞
オ副詞＋係助詞＋形容詞＋接続助詞＋係助詞＋動詞＋助動詞

□動詞
三 **傍線部「せ」「たけ」の終止形をそれぞれ答えよ。**（和洋女子大）〔3点×2〕

1よくせ《うまく》ざらんほどは、なまじひ《なまじっか》に人に知られじ。
2徳たけ《人柄が円熟し》、人に許されて、双《ならび》なき名をうる事なり。（以上、徒然草・一五〇段）

1	2

□動詞
四 **傍線部「越ゆ」と活用の種類が異なる語を後から選び、記号で答えよ。**（明治大）〔3点〕

・やがて駿河国《するがのくに》、宇津《うつ》の山を越ゆ。（都のつと）

ア消ゆ　**イ**絶ゆ　**ウ**報ゆ　**エ**燃ゆ

□動詞
五 **傍線部の「いぬ」を文法的に説明せよ（品詞・活用の種類・活用形を記すこと）。**（岐阜大）〔6点〕

・「さらに見侍らじ《決して見ますまい》。」とて、あふぎ返して《歌を書いた紙を扇で）仰ぎ返して》逃げていぬ。（枕草子・里にまかでたるに）

□形容詞
六 **傍線部の形容詞のうち、活用の種類が異なるものはど**

留意点

一 単語（品詞）に分ける。補助動詞に注意しよう。 ⬇p.11

二 「さも」の見きわめと補助動詞に注意。補助動詞は動詞の一用法なので、品詞としては動詞になる。 ⬇p.11

三 1覚えておくべき変格活用動詞。
2①ウ段に直した上で次の確認を。②活用の種類は？ →「ず」を付けて判断。③ここでの活用形は？ 下に読点が付いていることから判断。 ⬇p.20・28

四 「ず」を付けて判断。ヤ行に活用する動詞はほとんどが下二段活用。上一段活用（一語だけ）と上二段活用（三語だけ）を覚える。 ⬇p.20・35

得点　/50

れか、適当なものを後から選び、記号で答えよ。（神奈川大）〔3点〕

ア 歌よみ文《ふみ》かく《漢文を》わざは、をさをさ《全く》まさるひともなく、

イ こも《この人も》また顔かたちきらきらしく、

ウ みやびの道は《風雅の道は》この母なむをさなきより教へたて、

エ ちかきは小倉山《をぐらやま》、とほきは高尾愛宕《たかをおたぎ》の山の、

（以上、西山物語・かへの巻）

七 □係り結び

空欄に「あはれなり」という語を適当に活用させて入れよ。（北海学園大）〔4点〕

・塩焼かぬ蘆屋《あしや》の秋ぞ□月や煙を厭《いと》ひ初《そ》めけん

（筑紫道記《つくしみちのき》）

八 □係り結び

空欄に入る適当な語を後から選び、記号で答えよ。（名城大）〔3点〕

・あはれ、死ぬとも思《おぼ》し出《い》づべきことのなきなむ、いと悲しかり□。

（蜻蛉日記・康保二年）

ア けり　**イ** なる　**ウ** けれ
エ ける　**オ** なれ

九 □係り結び

「けり」「侍り」「き」を正しく活用させた語を、それぞれ答えよ。（東洋大）〔4点×3〕

1 このふたりぞ昔にも恥ぢぬ上手どもなりけり。

2 歌のよみやう《和歌の》こそ、ことのほかに変はりて侍り。

3 口《くち》惜《を》しきことにぞ言ひ侍りき。

（以上、無名抄・俊成卿女《むすめ》宮内卿両人の歌の読みやうの替はる事）

1	2	3

十 □係り結び

空欄に入る語として適当なものを後から選び、記号で答えよ。（近畿大）〔3点〕

・「乗り物□は侍らね。」といへば、「ここにあや《粗末な》しの馬具して侍り《馬具を付けてあります》。」といへば、（宇治拾遺物語・一八）

ア ぞ　**イ** や　**ウ** なむ　**エ** こそ

十一 □係り結び

傍線部「落ちにけるにや」の後に省略されている表現を後から選び、記号で答えよ。（亜細亜大）〔4点〕

・日月《ひつき》地に落ちにけるにや、光も見えぬ心地し、地に伏して泣く涙は、河となりて流るるかと思ひ、

（とはずがたり・巻一）

ア ならむ　**イ** あらむ
ウ ならざらむ　**エ** あらざらむ

五 覚えておくべき語の一つ。 ⇩p.29

六 動詞「なる」を付けて見分けよう。 ⇩p.37

七 活用させる問題は、空欄の上に係助詞がないかどうかをまずチェック。 ⇩p.38・102

八 選択肢の助動詞の活用形にも注意。 ⇩p.46・61・64・102

九 係助詞をまずチェック。 ⇩p.30・46・102

十 **七八九**とは逆に、結びの語の活用形から上の係助詞を判断する。 ⇩p.51・102

十一 「や」の結びの活用形では判断できないので、省略のパターンと文意から判断する。 ⇩p.32・65・103

入試 実践編 第18回

助動詞・助詞

一 □助動詞・品詞分解

傍線部の中に助動詞は何個あるか。正しい個数を漢数字で答えよ。（東洋大）（3点）

・「今しばし、かくあらば、波に引かれて入りぬべかりけり。」（源氏物語・須磨）

かくあらば：このよう（な暴風雨の状態）であったら

二 □助動詞・活用

空欄①②に入るように、助動詞「き」をそれぞれ活用させよ。（中央大）（2点×2）

・その夜、静かなり[①]ば、さまざま語らひ[②]中に、（隆房《たかふさ》集・五九）

①
②

三 □助動詞・空欄補充

空欄に入れるのに適当な語を後から選び、記号で答えよ。（青山学院大）（3点）

・人のためによから[　]料《れふ》の事を作《な》し置きなんどするを真《まこと》に人のために善《よ》きとは云《い》ふなり。（正法眼蔵随聞記・巻四）

料の事：はからい

ア ん　**イ** し　**ウ** ざる　**エ** るる　**オ** める

四 □助動詞・意味

傍線部「まじく」の文法的意味として適当なものを後から選び、記号で答えよ。（神奈川大）（2点）

・琴ひくわざは、俊蔭《としかげ》がむすめにもけおされまじくなむ有りける。（西山物語・かへの巻）

琴ひくわざは：（女は、）
俊蔭：（『宇津保物語』に登場する琴の名手）

ア 不可能　**イ** 不適当　**ウ** 打消推量　**エ** 打消意志

五 □助動詞・意味・活用

傍線部の助動詞の意味を後から選んで記号で答え、それぞれの語の終止形を答えよ。（弘前大）（3点×6）

1 ただ涙のみぞ、まづ行く道の先に立ちぬる。

2 車は率《ゐ》て行くを見るにぞ返る波ならねど、羨《うらや》ましかりける。

率て行くを：引いて（都へ帰って）行くのを

3 思ひ設《まう》けたりけるにや、小動《こゆるぎ》の波を分け、急ぎ歩く。

思ひ設けたりける：準備をしていた
小動の波を分け：宴会の支度を整えてある

（以上、春の深山路《みやまぢ》）

ア 断定　**イ** 推量　**ウ** 打消
エ 完了　**オ** 婉曲　**カ** 強意

1	
2	

留意点

一 ➡p.46・48・49・54・66 「入りぬべかりけり」は、「きっと（海に）入ってしまうだろうよ」の意。

二 ➡p.46 入試で助動詞の活用形を問われることは多い。活用のしかたを暗記するとともに、下に続く語からも判断できるようにしよう。

三 ➡p.46・51・52・60・66 まず上の「よから」に注目して、接続から判断する。次に、意味をあてはめて文脈から特定しよう。

四 ➡p.56 主語が三人称であることを目安に、文脈で確認。

五 ➡p.48・51・64・103 1係助詞「ぞ」に注意。2下に接続助詞「ど」が接続。3「にや」の後に省略がある。

得点 /50

3

六 □助動詞・文法的説明

傍線部「ん」「る」について、それぞれ文法的に説明せよ。（滋賀大）〔6点×2〕

1 あまねく人に見え交じらはん（広く人と会って）の御このみに（ご趣味によって）、ことさら交じらひ給ひしにこそありけれ。

2 我が身をあらぬに変へて（（女性である）わが身を異性に扮して）過ぐし給へること、あるべきことならず。（以上、とりかへばや物語・巻三）

1	2

七 □格助詞

傍線部1〜4を意味・用法によって分けるとどうなるか。適当なものを後から選び、記号で答えよ。（九州産業大）〔2点〕

1 しぐれがちなる（しめりがちな）空の気色《けしき》（様子）も袖《そで》の涙に争ひて、

2 常の年々よりも心細さもあぢきなければ（耐えがたいので）、

3 何を偲《しの》びて（恋い慕って）鹿の鳴くらむ（以上、とはずがたり・巻三）

4 いとどしく（ますます）過ぎゆく方の恋しきにうらやましくもかへる波かな（伊勢物語・七段）

ア 1と、234の二つに分類できる

イ 12と、34の二つに分類できる

ウ 123と、4の二つに分類できる

エ 1と、2と、34の三つに分類できる

オ 1と、23と、4の三つに分類できる

カ 12と、3と、4の三つに分類できる

八 □接続助詞

傍線部の文法的説明として適当なものを後から選び、記号で答えよ。（神奈川大）〔3点〕

・この男、市といふところにいでて、透影《すきかげ》（牛車の簾の隙間から）によく見えければ、（（女が）美しく）ものなどいひやりけり。（平中物語・三八）

ア マ行上一段活用の動詞の連用形＋過去の助動詞の未然形

イ マ行上一段活用の動詞の連用形＋過去の助動詞の已然形

ウ ヤ行下二段活用の動詞の連用形＋過去の助動詞の未然形

エ ヤ行下二段活用の動詞の連用形＋過去の助動詞の已然形

九 □終助詞

傍線部「見に行かばや」を現代語訳せよ。（関西学院大）〔3点〕

・この鳥、南極を見に行かばやと心ざし、北海より思ひたち、はるばると飛ぶほどに、（一休ばなし・巻二）

六 ⇩p.50・52

1 活用形を目安に判断するのがよい。

2 接続（上の語の活用形）に注目。

七 ⇩p.82

「の」の付いた語が、すぐ下の語に対してどのような資格に立つかを比較する。つまり、1「空」の「気色」、2「常」の「年々」、3「鹿」の「鳴く」、4「方」の「恋しき」の用法を比べる。

八 ⇩p.90

「見え」の活用の種類はわかるはず。未然形＋「ば」の仮定条件か、已然形＋「ば」の確定条件（原因・理由）か。

九 ⇩p.105

終助詞では、願望と禁止の口語訳が問われることが多い。口語と大きく異なるので、暗記が必要。

敬語・修辞

□敬語の語彙

一 傍線部の普通語(A)、敬語動詞の種類(B)は何か。それぞれ適当な語をA群とB群から選び、記号で答えよ。（明治大）〔3点×2〕

・「せちに聞こえさすべきことなむある。」といひわ《言い続けて》たりければ《いたので》、（大和物語・一五五段）

A **ア**飲む **イ**受く **ウ**知る **エ**思ふ **オ**言ふ

B **ア**尊敬語 **イ**心内語 **ウ**丁寧語 **エ**待遇語 **オ**謙譲語

A	
B	

□敬語の語彙

二 傍線部「おぼさ」・「おはす」を敬語でない普通のことば(文語の終止形)で答えよ。（東北女子大）〔4点×2〕

1 大弐《だいに》の北の方の奉り置きし《差し上げておいた》御衣《ぞ》どもをも、心ゆかず《気に食わなく》おぼされしゆかりに《(人に)関係のあるものとして》、見入れたまはざりけるを、

2 御几帳《みきちやう》引き寄せておはす。（以上、源氏物語・蓬生）

1	
2	

□敬語の語彙

三 傍線部の語を尊敬語と謙譲語に分けるとき、正しいグループ分けを後から選び、記号で答えよ。（梅花女子大）〔4点〕

1 むかし快庵禅師《くわいあんぜんじ》といふ大徳《だいとこ》の聖《ひじり》おはしましけり。

2 この秋は奥羽《あうう》のかたに住むとて、旅立ち給ふ。

3 客僧《旅のお坊様を》を驚かしまゐらせぬ。

4 罪を贖《あがな》ひたてまつらん。（以上、雨月物語・青頭巾）

ア「1 2 3」と「4」 **イ**「1 2」と「3 4」 **ウ**「1」と「2 3 4」 **エ**「1 4」と「2 3」

□敬意の対象

四 傍線部1「給ひ」・2「参り」・3「侍り」の敬語における敬意の対象はそれぞれ何か。適当な組み合わせを後から選び、記号で答えよ。（東洋大）〔5点〕

・治部卿《ぢぶきやう》〔通俊《としみち》〕、出でゐて物語して、（秦兼久《はたのかねひさ》ニ）「いかなる歌か詠みたる。」と言はれければ、「はかばかしき候はず。後三条院かくれさせ給ひ[1]てのち、円宗寺に参り[2]て候ひしに、花の匂ひは昔にも変はらず侍り[3]しかば、つかうまつりて候ひしなり。」とて、（宇治拾遺物語・一〇）

ア **1**後三条院 **2**治部卿通俊 **3**秦兼久

イ **1**後三条院 **2**円宗寺 **3**治部卿通俊

留意点

一 ➡p.133 Bの選択肢エの「待遇語」(待遇表現)とは、話し手が聞き手や話題の中の人物に対して敬意や侮蔑などの気持ちをこめて用いる言語表現のこと。つまり、「敬語」(敬語表現)とほぼ同じ意味。

二 ➡p.129・130 「おぼさ」「おはす」が何という動詞の敬語であるかを答える。**一**で「普通語」を答えたのと同じ。

三 ➡p.129・130・134 1は動詞、2・3・4は補助動詞の用法。

四 ➡p.130・133・136 「敬意の対象」、つまりだれに対する敬意かを答える。「敬意の主体」(だれからの敬意か)は、話し手である。自分が歌を詠んだ状況を説明していることを読み取る。

得点 ／50

ウ　１治部卿通俊　２円宗寺　３秦兼久
エ　１治部卿通俊　２後三条院　３治部卿通俊
オ　１後三条院　２後三条院　３治部卿通俊

□敬意の主体と対象

五　傍線部「おはします」は、誰（もしくは何）の誰（もしくは何）に対する敬意か。それぞれ適当な語を答えよ。（広島女学院大）（４点×２）

・（作者ガ）うち連れたる旅人の語るを聞けば、「いつのころよりとは知らず、この原に木像の観音おはします。……」とぞいふなる。（東関紀行）

誰の		誰に対する	

□枕詞

六　空欄に入れるのに最も適当な言葉を後から選び、記号で答えよ。（明治大）（３点）

・□月だに日の光をかりて照れば、露また月の光をかりてつらぬきとめぬ玉ともちるなり。（鶉衣《うづらごろも》）
（糸を通しただけで結びとめていない玉のようにも）

ア　ひさかたの　イ　たらちねの　ウ　あをによし
エ　ちはやぶる　オ　あしびきの

□掛詞

七　傍線部「きく」は掛詞になっている。何と何が掛けられているか。漢字を適切に用いて答えよ（順序は問わない）。（高崎経済大）（４点×２）

・みな人の心うつろふながつきのきくに我さへすきぬべきかな（古本説話集・一四）
（私までもきっと（心変わりをしてあなたを）好きになってしまいそうだよ）

□隠し題

八　「鳥飼」をよみこんでいる句を後から二つ選び、記号で答えよ。（國學院大）（４点）

・浅緑《あさみどり》かひある春にあひぬれば霞《かすみ》ならねど立ちのぼりけり（大和物語・一四六段）
（浅緑色にかすむ、生きる甲斐のある／昇殿したこと／ですよ）

ア　浅緑　イ　かひある春に
ウ　あひぬれば　エ　霞ならねど
オ　立ちのぼりけり

□修辞総合

九　和歌の修辞の説明として誤っているものを後から選び、記号で答えよ。（大阪大谷大）（４点）

・玉くしげふたとせあはぬ君が身をあけながらやはあらむと思ひし（大和物語・四段）
（年が明けても朱色の（五位の者の着る）袍のままでいらっしゃろうと思ったか）

ア　「玉くしげ」は「ふた」にかかる枕詞である。
イ　「ふたとせ」は「二年」と「蓋《ふた》と背（箱の身）」の掛詞である。
ウ　「あふ」は「逢《あ》ふ」と「合ふ」の掛詞である。
エ　「玉くしげ」「蓋」「背」「合はぬ」「開け」は縁語である。
オ　「思ひ」の「ひ」は「悲」の掛詞である。

五　⇩p.129
誰の敬意か→敬意の主体を答える。会話文なので、話し手からの敬意を表す。誰に対する敬意か→敬語の種類をまず見きわめる。尊敬語なら動作の為手、謙譲語なら動作の受け手、丁寧語なら話の聞き手。

六　⇩p.144
「月」にかかる枕詞を答える。

七　⇩p.146
「ながつき」がヒントになる。陰暦の九月である。

八　⇩p.146
「鳥飼という題で歌を詠め。」と言われて詠んだ歌。「鳥飼」とは、本話の舞台である「鳥飼の院」という離宮のこと。歴史的仮名遣いではどのように書く？

九　⇩p.144・146
歌の主意は「正月の除目であなたは昇進しなかった。」ということ。言いづらい内容を複雑な修辞で包んでいるが、「玉くしげ」を中心に読み解くことができる。

識別(一)――が・けれ・し・しか・して・せ

□「が」の識別

一 傍線部「が」の文法的説明として適当なものを後から選び、記号で答えよ。（皇學館大）〔5点〕

・和泉式部《いづみしきぶ》、保昌《やすまさ》が妻《め》にて、丹後《たんご》に下りけるほどに、（十訓抄・第三）

ア強意の副助詞　**イ**順接の接続助詞
ウ逆接の接続助詞　**エ**主格の格助詞
オ連体修飾格の格助詞

□「が」の識別

二 傍線部の文法上の説明として適当なものを後から選び、記号で答えよ。（東京家政学院大）〔5点〕

・薩摩守忠度《さつまのかみただのり》は、一の谷の西手の大将軍にておはしけるが、紺地《こんぢ》の錦《にしき》の直垂《ひたたれ》に黒糸威《をど》しの鎧《よろひ》着て、黒き馬のふとうたくましき（太くたくましい馬に）に、沃懸地《いつかけぢ》の鞍《くら》置いて乗り給へり。（平家物語・忠度最期）

ア接続助詞　**イ**格助詞
ウ係助詞　**エ**副助詞

□「けれ」の識別

三 傍線部の説明として適当なものを後から選び、記号で答えよ。（日本大）〔5点〕

・愛敬《あいぎやう》ありて言葉多からぬこそ（あたたかみがあって口数の多くない人は）、飽かず向かはまほしけれ。（徒然草・一段）

ア助動詞の活用形　**イ**形容詞の活用語尾
ウ補助動詞の活用形　**エ**動詞の活用語尾

□「し」「して」の識別

四 傍線部の「し」のうち、「する」の意味でないものを選び、番号で答えよ。（愛知学院大）〔5点〕

1 宰相の君と二人、物がたりしてゐたるに、
2 うち誦《ず》んじて（(古歌を)口ずさんで）、立ち給ひにしさまこそ、
3 物がたりにほめたる男の心地しはべりしか。
4 さしのぞきたれば、昼寝したまへるほどなり。
（以上、紫式部日記・寛弘五年七月）
5 物がたりの女の心地もし給へるかな。
（以上、紫式部日記・寛弘五年八月）

留意点

一 体言「保昌」に接続している。 ➡p.150

二 助動詞「けり」の連体形に接続している。 ➡p.150

三 「けれ」のすぐ上の語形にまず注目。 ➡p.150

四 「する」を代入してみれば正解できるが、「し」の上の品詞・活用形からも確認してみよう。 ➡p.150・152

得点
／50

□「し」「して」の識別

五 **傍線部の「し」から過去の助動詞を選び、番号で答えよ。**（九州産業大）〔5点〕

1 忍びて尋ねおはしたるに、犬のことことしくとがむれば《やかましく怪しんでほえるので》、

2 いかで《どうやって》過ぐすらんと、いと心ぐるし《気の毒に思われる》。

3 もてしづめたるけはひの《低めた落ち着いた声で》、わかやかなるして、「こなた《こちら(へ)》。」と言ふ人あれば、

4 いとなつかしう《慕わしい感じに》住みなしたり。

5 卯月《うづき》ばかりのあけぼの、艶《えん》にをかしかりしを思《おぼ》し出でて、

（以上、徒然草・一〇四段）

□「しか」の接続

六 **傍線部の「しか」について、文法的に説明せよ。**（大阪府立大）〔8点〕

・言ふべきことならざりしかば、心の内ばかりにこそ思ひ乱れしか。

（讃岐典侍日記・嘉承二年十月）

□「せ」の識別

七 **傍線部の「させて」の「せ」と文法的に同じ用法の「せ」が用いられている文を、後から選び、記号で答えよ。**（梅花女子大）〔5点〕

・庵《いほ》の前にからかさ《柄のついた傘を》をさせて据ゑたり。

（更級日記・足柄山）

ア かくて明かし暮らせど、訪れる者もなし。

イ 帝の待たせ給ふに、早く奉り給へ。

ウ 今一度《いまひとたび》戦《いくさ》せむとて、待ちかまへたり。

エ 使ひに文《ふみ》持たせ返事《かへりごと》す。

□「させ」「せ」の識別

八 **傍線部「させ」「せ」の説明として適当なものを後からそれぞれ選び、記号で答えよ。**（名城大）〔6点×2〕

1 院も御車おさへさせ給ひて、「なにしにここにはあるぞ《どうして(おまえは)ここにいるのだ》。」と問はせ給ひければ、

2 (院は)人々に物給ひて《お与えになって》帰らせ給ひける。

（以上、大和物語・一七二段）

ア 尊敬の助動詞　**イ** 使役の助動詞

ウ 過去の助動詞　**エ** 動詞の一部

1	
2	

五 ⇒p.150・152 過去の助動詞であれば何形に接続するかを考えて、「し」の上の語形をチェックしよう。

六 ⇒p.151 係り結びを起こさせる係助詞をチェック。

七 ⇒p.152 「からかさをさせて」に漢字をあててみよう。「ささ」の活用形は？

八 ⇒p.152 1これも、「御車おさへ」とはどういう意味か、漢字をあてて考えてみる。

識別(二)──たり・て・な・なむ

一 □「たり」の識別

傍線部「たる」の文法的説明として適当なものを後から選び、記号で答えよ。（神奈川大）〔5点〕

・松は千《ち》とせ（千年(の寿命がある)）といへど、雪あらしにまけて、折れたふれたるをばいくわたり（幾度も見た）も見き。（西山物語・かへの巻）

ア ラ行四段動詞「たる」の連体形
イ 形容動詞の連体形活用語尾
ウ 完了の助動詞「たり」の連体形
エ 断定の助動詞「たり」の連体形

□

二 □「て」の識別

傍線部の「て」の文法的説明の組み合わせとして適当なものを後から選び、記号で答えよ。（神戸学院大）〔6点〕

1 天徳《てんとく》の歌合《うたあはせ》のとき、兼盛《かねもり》・忠見《ただみ》、共に御随身《みずいじん》（御随身として）にて、左右《さう》（左方と右方に組み合わせ）に番《つが》ひてけり。
2 既《すで》に御前《おんまへ》にて講《かう》じて（歌をよみ上げて）、判《はん》ぜられける（判定なさったときに）に、
3 げにも（もっともにも）覚えて、哀《あは》れなり（殊勝なことである）。（以上、沙石集・巻五ノ六）

ア	1 完了の助動詞	2 接続助詞	3 接続助詞
イ	1 完了の助動詞	2 格助詞の一部	3 接続助詞
ウ	1 接続助詞	2 完了の助動詞	3 格助詞の一部
エ	1 格助詞の一部	2 接続助詞	3 完了の助動詞
オ	1 接続助詞	2 強意の助動詞	3 格助詞

□

三 □「て」「つ」の識別

傍線部のうち、助動詞「つ」の活用形であるものを選び、番号で答えよ。該当するものが二つ以上ある場合は、すべて答えよ。（早稲田大）〔5点〕

1 かき消《け》つやうに失せ給ひにけり。
2 なすべき事ありて、市《いち》に出でて侍りければ、
3 ゆくへなくなして（行方をくらませて）し我が師にておはしける。
4 いまそかるらん（いらっしゃるだろうとは）とは思はざりつるを。
5 心も澄みまさりてなむ侍るなり。
6 かやうにてあやしの物（粗末な容器を）、さし出だして待ち侍れば、（以上、閑居友《かんきよのとも》・上）

□

留意点

一 p.152
「松」が「折れたふれたる」とはどういうことかを考えて、漢字をあててみよう。そうすることによって、「たる」の上がどういう品詞の何形か（＝「たる」の接続）がわかる。

二 p.153
「て」は、完了の助動詞であっても接続助詞であっても、連用形接続である。したがって、上接語からは判断できない。下接語に注目しよう。

三 p.153
完了の助動詞「つ」の活用表を書いてみよう。その上で、傍線部の上の語を見て接続を、下の語を見て活用形を判断し、一つ一つ確認する。
1「消す」でも「消ゆ」でもないので注意。

得点 ／50

□「な」の識別

四 **傍線部「な」の文法的な説明として正しいものを、後から選び、記号で答えよ。**（駒澤大）　〔5点〕

・その人のことなど《誰彼のことなどを》思ひ立ちなば思ふ限りも及ぶまじ。《思ってもきりがないだろう》

（建礼門院右京大夫集・二〇四）

ア 打消の助動詞「ず」の未然形
イ 完了の助動詞「ぬ」の未然形
ウ 禁止の意を表す終助詞
エ 禁止の意を表す副詞
オ 二人称代名詞

□「な」「なむ」の識別

五 **傍線部の文法的説明として適当なものを後から選び、記号で答えよ。**（山口大）　〔5点×2〕

1 いづちもいづちも失《う》せなむとす。

2 なほかくだにな《やはりせめてこのように》思《おぼ》し出《い》でそ。

（以上、源氏物語・夕霧）

ア 副詞
イ 完了（強意）の助動詞の未然形
ウ 断定の助動詞の連体形の一部
エ 禁止の終助詞

1	2

□「なむ」の識別

六 **傍線部「なむ」の文法的説明として適当なものを後から選び、記号で答えよ。**（駒澤大）　〔5点〕

・「かく心苦しくて住まむよりは《このように（貧乏して）つらい思いをして》、都にては、とても《どのように》かくても《してでも》過ぎなむ。」とて、京の方へぞ誘ひける。

（沙石集・巻九ノ一〇）

ア 他への願望の終助詞
イ 強意の係助詞
ウ 推量の助動詞
エ 強意の助動詞＋推量の助動詞
オ 打消の助動詞＋勧誘の助動詞

□「なむ」の識別

七 **傍線部の「なん」を文法的に説明せよ。**（お茶の水女子大）　〔7点×2〕

1 住み替ゆること十八箇所、なほ生きなばまたも替えなん。

2 同じ所にをれば情が尽くる故に《おもしろみがなくなるために》、かくなん住み替ゆるなる。

（以上、翁草）

1	2

四 オの「二人称代名詞」とは、「おまえ・あなた」の意の「汝《な》」のこと。 ⬇p.154

五 1「なむ」の語形に注目。 ⬇p.154・155
2 文末の「そ」に注目。

六 「なむ」の上の「過ぎ」は未然形と連用形が同形なので、接続から判断できない。文意を考えよう。 ⬇p.155

七 1 **六**と同様に、「なん」の上の「替え」からは接続が判断できない。 ⬇p.155
2「かく」の品詞がわかれば正解できる。

入試 実践編

第22回

識別㈢——なり・に・にて

□「なり」の識別

一 傍線部「なり」と文法的な意味が同じものを後から選び、記号で答えよ。（専修大）〔5点〕

・龍《たつ》の頸《くび》に、五色《ごしき》にひかる玉あんなり。（竹取物語・竜《たつ》の頸の玉）

ア さし覗《のぞ》いて見給へば、なりのいとあやしくて［みすぼらしくて］（落窪物語）

イ おぼしき事［言いたいと思っていることを］言はぬは、腹ふくるるわざなれば（徒然草）

ウ この西なる家は、なに人の住むぞ、問ひ聞きたりや（源氏物語）

エ をとこもすなる日記といふものを、女もしてみむとて（土佐日記）

オ 尾張《をはり》にただに向かへる尾津《をづ》の崎《さき》なる一つ松（古事記）

□

□「なり」の識別

二 傍線部の「なり」の文法的な説明として適当なものを後からそれぞれ選び、記号で答えよ。ただし同じ記号を複数回使用してもかまわない。（学習院女子大）〔4点×3〕

1 かくする事たびたびになりにければ、

2 かくしつつ歩《あり》きけるなりけり。

3 我よくなりて侘《わ》び人《びと》［生活に困窮している人を］をあはれまむ。（以上、閑居友・下）

ア 断定の助動詞　**イ** 伝聞・推定の助動詞

ウ ラ行四段活用動詞　**エ** 形容動詞の語尾

1	2	3

□「に」の識別

三 傍線部の「に」と文法的に等しいものを後から選び、記号で答えよ。（共立女子大）〔5点〕

・大納言経信《つねのぶ》（ノ歌ハ）ことにたけもあり［格調も高く］、うるはしくして［端正なよみぶりであって］、しかも心たくみ［趣向のおもしろさが］に見ゆ。

ア 歌の姿二様によめり。

イ 鶉《うづら》鳴く真野《まの》の入り江の浜風に尾花なみよる秋の夕暮れ

ウ 影供《えいぐ》［歌会が］ありしに、釈阿《しやくあ》［釈阿（藤原俊成）は］これ程の歌たやすくはいできがたしと申しき。

留意点

一 「あん」はラ変動詞連体形撥音便。断定の「なり」は連体形に接続し、推定・伝聞の「なり」もラ変には連体形に接続するので、接続からは判断できないと思いがちである。しかし、断定の「なり」は連体形の撥音便には接続せず、推定・伝聞の「なり」は接続するという違いがあるので、覚えておきたい。 ⇨p.156

二 1「になり」、3「くなり」に注目。 ⇨p.156

三 傍線部の上の語形に注目。「たくみ＋に」と切れるか、「たくみに」で一語か。 ⇨p.156

得点　／50

エ 難《かた》き結題《むすびだい》（複数の歌題を組み合わせた難しい題(の歌)を人が）を人の詠ませけるには、家中の者にその題を詠ませて、

オ 釈阿（ノ歌）はやさしく（上品で）艶に、心も（感動も）深くあはれなるところもありき。

（以上、後鳥羽院御口伝）

□「に」「にて」の識別

四 傍線部の「に」について、それぞれ文法的に説明せよ。

（佐賀大）〔9点×2〕

1 ことかたくして（難しい問題であって(奏上が)）たびたびになりにければ、

2 ときにとりていみじきこと（そのときにあたってすばらしい）にてなんありける。

（以上、続古事談・巻一）

1	2

□「にて」の識別

五 傍線部1・2の「にて」と意味および用法が最も近いものを後からそれぞれ選び、記号で答えよ。

（関西学院大）〔5点×2〕

1 義時朝臣《よしときあそん》逝去の時、頓死《とんし》にてありしかば、

2 我が領内の米にてぞ本主（もとの貸主には）へは返し（お返しになった）たびける。

（以上、栂尾明恵上人伝記《とがをのみやうゑしやうにんでんき》）

ア 資朝《すけとも》の中納言をも、いまだ佐渡の島にしづみつる（流されて零落していたのだが）を、このほどのついでに、かしこにて失ふべきよし（処刑せよということを）、預かりの武士に（番人の武士に）仰せければ、

（増鏡）

イ 木登りよくする法師、登りて見れば、極楽へ迎へられ給ひし我が師の聖《ひじり》を、葛《かづら》（つる草(で編んだ縄)）にてしばりつけて置きたり。

（宇治拾遺物語）

ウ かぐや姫に言ふやう、「なんでう（どのような）心地すれば、かく物を思ひたる（もの思いをしている）さまにて月を見給ふぞ。うましき世（(この)すばらしい世の中）に。」と言ふ。

（竹取物語）

エ この春の頃《ころ》より、内《うち》の大殿《おほいどの》の造らせ給ふ御堂近くて、かのわたりなむ、いと気騒《けさわ》がしうなりにて侍る。

（源氏物語）

オ かたがたもつて（どれもこれも）不吉なる歌と、いまいましくは（縁起が悪いとは）思ひけれども、「めでたき歌どもにてこそ候へ。」とぞ会釈しける（とりなした）。

（太平記）

1	2

四

1「にけれ」に注目。

2「にてなんあり」に注目。「あり」は補助動詞。

⇩p.156・158

五

1「にてあり」に注目。

2 領主が領民の借りた米の返済を肩代わりしたという文脈である。

エ はあまり見ない用法だが、「いといたう強ひられて、わびにて侍り。（タイソウヒドク〈酒ヲ〉強イラレテ、困ッテシマッテイマス。）」（源氏物語・花宴）のように用いられる。

⇩p.158

入試
実践編
第23回

識別㈣―ぬ・ね・ばや・らむ・る・を・複合

□「ぬ」の識別

一 傍線部「ぬ」と文法的意味が同じものを後から選び、記号で答えよ。（近畿大）〔4点〕

・幾年《いくとせ》逢ひ見ぬ人なれど、文《ふみ》といふものだに見つれば、只今《ただいま》さし向かひたる心地して。（無名草子・文）

ア いたづらにて過ぎぬる
イ あまた年経ぬれば
ウ 人住むらむとも見えず
エ 蔭に隠れぬべし

□

□「ぬ」の識別

二 傍線部「ぬ」はともに助動詞であるが、その意味の組み合わせとして適当なものを後から選び、記号で答えよ。（中京大）〔5点〕

1 人知れぬ心の中のみさまざま苦しくて、
2 都出でて遥かになりぬれば、かの国の中にもなりぬ。（以上、うたたね）

ア 1―完了　2―打消
イ 1―完了　2―完了
ウ 1―打消　2―強意
エ 1―推量　2―打消
オ 1―打消　2―完了

□

□「ね」の識別

三 傍線部の文法的説明として適当なものを後から選び、記号で答えよ。（山口大）〔5点×2〕

1 あり経《ふ》べき身（生きながらえることのできる）にもあらねば、いづちもいづちも失せなむとす。
2 おいらかに（安らかに）死にたまひね。まろも（私も）死なむ。（以上、源氏物語・夕霧）

ア ナ行下二段活用動詞の未然形
イ ナ行変格活用動詞の命令形活用語尾
ウ 完了の助動詞の命令形
エ 打消の助動詞の已然形

1	2

□「ばや」の識別

四 傍線部の「ばや」の文法的な説明として適当なものを、後から選び、記号で答えよ。（関西外国語大）〔5点〕

留意点

一二 ⇒p.158 下に「人」「心」が付いているということは、傍線部の活用形は○○形、→○○形が「ぬ」ということは、傍線部は△△の助動詞、という手順で識別する。

三 ⇒p.159 傍線部の上接語から接続を判断。下接語から活用形を判断。2は句点（。）が付いている。

得点
/100

・つれづれに侍りて双六《すごろく》をうたばやと思ひ給ふに、（長谷雄草紙《はせをぞうし》）

ア仮定条件の疑問を示す接続助詞と係助詞
イ反語的に否定の意を示す終助詞
ウ自己の動作の実現を望む意を示す終助詞
エ確定条件の疑問を示す接続助詞と係助詞
オ深い感動の意を示す係助詞と間投助詞

□

五

□「らむ」の識別

傍線部の「らむ」の相違を文法的に説明せよ。（京都教育大）〔12点〕

1 いざ、この山のかみにありといふ布引《ぬのび》きの滝見にのぼらむ。

2 （滝ハ）白絹に岩をつつめらむやうになむありける。（以上、伊勢物語・八七段）

六

□「る」の識別

傍線部の「る」と同じ意味を表すものを後から選び、記号で答えよ。（國學院大）〔4点〕

・君達《きんだち》などのほどはよろし。それより下れる際《きは》は、みなさやうにぞある。（枕草子・懸想人にて）

高貴な若君などの身分（に仕える従者）は
そのよう（に無作法）である

ア女ぞ出でて取りける。
（手紙を）

イまた滝口にさへ笑はる。
滝口の武士に

ウ千里《ちさと》の浜、広う思ひやらる。

エなどかう遅れさせたまへる。
どうしてこのように

オ冬はいかなる所にも住まる。

□

七

□「る」の識別

傍線部の「れ」について、それぞれの文法的機能を記せ。（お茶の水女子大）〔7点×3〕

1 唯蓮房《ゆいれんぼう》、五種行を始め行はれけるに、天狗《てんぐ》たびたび妨げをなしけり。
五種類の修行を

2 剣を抜きてこれをあばくに、葛《かづら》みな切られて退《の》きにけり。
（唯蓮房が）　ずたずたに切ると　つる草（で編んだ縄）が　ばらばらになってしまった

3 四方《よも》の梢《こずゑ》などの下に見下ろされけるにぞ、空を行くとは知られける。（以上、古今著聞集・六〇四）

1	3
2	

〈次ページへ続く〉

四 「双六」を「打つ」という。傍線部の上の「うた」の活用形は？ p.160

五 相違を説明せよとある場合は、それぞれを文法的に説明すればよい。 p.160

六 傍線部の上の「下れ」の活用形から判断できる。身分が劣ることを「ほど下る」という。 p.160

七 文法的機能を記せとあるが、文法的意味を答えればよい。傍線部の上の活用形はすべて同じである。 p.160

八 「を」の識別

傍線部「を」の説明として適当なものを後から選び、記号で答えよ。（中京大）〔5点〕

・よく尋ねよりて《近寄って確かめて》を、うち出でよ《声をかけろ》。人違《ひとたが》へしては、をこならむ《ばかばかしいだろう》。（源氏物語・蓬生）

ア動作の対象を示す格助詞
イ経過する場所を示す格助詞
ウ順接の接続助詞
エ逆接の接続助詞
オ間投助詞

九 「けれ」「る」の識別

傍線部の文法的説明として適当なものをそれぞれ後から選び、記号で答えよ。（九州産業大）〔5点×4〕

1女院、ご覧じて、……おほせ《仰せ事を》下されければ、
2出でんとすれば、御車さへゆるされまゐらせて、
3ふたたび憂き目を見せむことこそ悲しけれ。
4もとよりさこそあるべけれ。（以上、平治物語・下）

ア形容詞の一部　**イ**過去の意味の助動詞
ウ受身の意味の助動詞　**エ**尊敬の意味の助動詞
オ謙譲の意味の助動詞　**カ**推量の意味の助動詞
キ可能の意味の助動詞の一部
ク当然の意味の助動詞の一部

1	2	3	4

十 「なり」「に」の識別

傍線部「に」「なる」について、その共通点を記せ。（熊本県立大）〔6点〕

1敷島《しきしま》の道《和歌の道は》広く大きに、大和歌《やまとうた》の教へ深く畏《かしこ》く、その趣極めがたく、その心尽くしがたし。
2よろづの事も、皆いたづらなるわざにぞなりぬべき。（以上、かざし抄）

十一 「ぬ」「る」の識別

傍線部の「ぬ」・「り」と同じ単語を後から選び、それぞれ記号で答えよ。（和洋女子大）〔4点×2〕

1心もとなさに、明けぬから、船を曳《ひ》きつつ上《のぼ》れども、
2庭には、梅《むめ》の花咲けり。（以上、土佐日記・二月九日）

ア人はいさ心も知らず　**イ**夜も更けぬべし
ウ桜をみて詠める歌　**エ**夏来たるらし
オ秋も去《い》ぬめり
カ明くるあした

1	2

八 ➡p.161
傍線部のすぐ上の「て」の品詞がわかれば正解できる。

九 ➡p.150・160
「けれ」はすぐ上の語形をまず確認する。1「下され・けれ」、3「悲し・けれ」、4「べ・けれ」？　2は「許す」の未然形に接続している。

十 ➡p.156
共通点とあるから、同じ品詞と予想して検討してみよう。すぐ上の語形を確認するのは基本である。

十一 ➡p.158・160
1「（夜が）明けぬ〈前〉から」と読む。「ぬ」の活用形は？
2終止形が「り」で、e段に接続するのは？

表紙写真出典：ColBase（https://colbase.nich.go.jp/）

訂正情報配信サイト 35850-02
利用に際しては，一般に，通信料が発生します。
https://dg-w.jp/f/936c8

新版 完全マスター古典文法準拠ノート〈実力養成〉

2010年1月10日 初版 第1刷発行
2022年1月10日 改訂3版 第1刷発行
2024年1月10日 改訂3版 第2刷発行

編　者 第一学習社編集部
発行者 松本　洋介
発行所 株式会社 第一学習社

広　島：広島市西区横川新町7番14号 〒733-8521 ☎082-234-6800
東　京：東京都文京区本駒込5丁目16番7号 〒113-0021 ☎03-5834-2530
大　阪：大阪府吹田市広芝町8番24号 〒564-0052 ☎06-6380-1391
札　幌：☎011-811-1848　仙　台：☎022-271-5313　新　潟：☎025-290-6077
つくば：☎029-853-1080　横　浜：☎045-953-6191　名古屋：☎052-769-1339
神　戸：☎078-937-0255　広　島：☎082-222-8565　福　岡：☎092-771-1651

書籍コード 35850―02
ISBN978―4―8040―3585―7

ホームページ https://www.daiichi-g.co.jp/

文語動詞活用表

種類	ページ	行	語	語幹	未然形	連用形	終止形	連体形	已然形	命令形
四段	4	カ行	**聞く**	き	か	き	く	く	け	け
四段		ガ行	**泳ぐ**	およ	が	ぎ	ぐ	ぐ	げ	げ
四段		サ行	**隠す**	かく	さ	し	す	す	せ	せ
四段		タ行	**立つ**	た	た	ち	つ	つ	て	て
四段		ハ行	**思ふ**	おも	は	ひ	ふ	ふ	へ	へ
四段		バ行	**遊ぶ**	あそ	ば	び	ぶ	ぶ	べ	べ
四段		マ行	**住む**	す	ま	み	む	む	め	め
四段		ラ行	**帰る**	かへ	ら	り	る	る	れ	れ
下二段	4	ア行	**得**	(う)	え	え	う	うる	うれ	えよ
下二段		カ行	**明く**	あ	け	け	く	くる	くれ	けよ
下二段		ガ行	**上ぐ**	あ	げ	げ	ぐ	ぐる	ぐれ	げよ
下二段		サ行	**失す**	う	せ	せ	す	する	すれ	せよ
下二段		ザ行	**混ず**	ま	ぜ	ぜ	ず	ずる	ずれ	ぜよ
下二段		タ行	**捨つ**	す	て	て	つ	つる	つれ	てよ
下二段		ダ行	**愛づ**	め	で	で	づ	づる	づれ	でよ
下二段		ナ行	**連ぬ**	つら	ね	ね	ぬ	ぬる	ぬれ	ねよ
下二段		ハ行	**経**	(ふ)	へ	へ	ふ	ふる	ふれ	へよ
下二段		バ行	**比ぶ**	くら	べ	べ	ぶ	ぶる	ぶれ	べよ
下二段		マ行	**集む**	あつ	め	め	む	むる	むれ	めよ
下二段		ヤ行	**覚ゆ**	おぼ	え	え	ゆ	ゆる	ゆれ	えよ
下二段		ラ行	**恐る**	おそ	れ	れ	る	るる	るれ	れよ
下二段		ワ行	**植う**	う	ゑ	ゑ	う	うる	うれ	ゑよ
二段		カ行	**尽く**	つ	き	き	く	くる	くれ	きよ
二段		ガ行	**過ぐ**	す	ぎ	ぎ	ぐ	ぐる	ぐれ	ぎよ
二段		タ行	**落つ**	お	ち	ち	つ	つる	つれ	ちよ
二段		ダ行	**恥づ**	は	ぢ	ぢ	づ	づる	づれ	ぢよ
二段		ハ行	**強ふ**	し	ひ	ひ	ふ	ふる	ふれ	ひよ

文語助詞の意味・用法・接続

種類	助詞	ページ	意味・用法（　）は訳語	接続
格助詞	が	22	主格(…ガ、…ノ)連体修飾格(…ノ、…ノヨウナ)体言の代用(…ノ、…ノモノ、…ノコト)同格(…デ)	体言・連体形
格助詞	の	22	主格(…ガ、…ノ)連体修飾格(…ノ、…ノヨウナ)体言の代用(…ノ、…ノモノ、…ノコト)同格(…デ)比喩(…ノヨウニ)	体言・連体形
格助詞	へ	22	方向(…ヘ)	体言
格助詞	を	22	対象(…ヲ)起点(…ヲ、…カラ)通過する場所(…ヲ、…ヲ通ッテ)継続する期間(…ヲ、…ノ間ヲ)	体言・連体形
格助詞	に	22	時間・場所(…ニ、…時ニ、…デ)帰着点(…ニ)対象(…ニ)目的(…ニ、…ノタメニ)原因・理由(…ノタメニ、…ニヨッテ)手段・方法(…デ、…ニヨッテ)変化の結果(…ニ、…ト)受身・使役の対象(…ニ)比較の基準(…ト比ベテ、…ヨリ)添加(…ニ、…ノ上ニ、…ニ加エテ)内容(…ト、…トシテ、…デアルト)資格・状態(…トシテ、…デ)	体言・連体形
格助詞	と	22	動作をともにする相手(…ト)変化の結果(…ト、…ニ)比較の基準(…ト、…ニ比ベテ)引用・内容(…ト、…ト言ッテ、…ト思ッテ)並列(…ト…ト)比喩(…ノヨウニ)	体言・引用句
格助詞	にて	22	場所・年齢(…デ)手段・方法・材料(…デ、…ニヨッテ)原因・理由(…デ、…ニヨッテ)資格・状態(…トシテ、…デ)	
格助詞			手段・方法・材料(…デ、…ニヨ	
接続助詞	が に を	22	逆接の確定条件(…ノニ、…ケレドモ、…ガ)順接の確定条件(…カラ、…ノデ)単純接続(…ガ、…ト、…トコロ)	連体形
接続助詞	で	22	打消接続(…ナイデ、…ズニ)	未然形
接続助詞	つつ	22	反復・継続(…テハ、…続ケテ)並行(…ナガラ、…ツツ)	連用形
接続助詞	ながら	22	存続(…ママデ)並行(…ナガラ、…ツツ)逆接の確定条件(…ノニ、…ケレドモ、…ガ)	連用形
副助詞	だに	22	程度の軽いものを示して、より程度の重いものを類推させる(…サエ)最小限の限定(セメテ…ダケデモ)	種々の語
副助詞	すら	22	一つのものを示して、それ以外のものを類推させる(…サエ)	種々の語
副助詞	さへ	22	添加(…マデモ)	種々の語
副助詞	のみ	22	限定(…ダケ)強意(ヒドク…、トクニ…)	種々の語
副助詞	ばかり	22	限定(…ダケ、…バカリ)およその程度(…クライ、…ホド)	種々の語
副助詞	まで	22	限界(…マデ)程度(…マデ、…ホド)	種々の語
副助詞	など	22	例示(…ナド)引用(…ナドト)婉曲(…ナド)	種々の語
副助詞	しも し	22	強意、(下に打消を伴い)部分否定(必ズシモ…〈デハナイ〉)	種々の語
助詞	は	24	提示(…ハ)対比(…ハ)強調(…ハ)	種々の語
助詞	も	24	並列(…モ…モ)添加(…モ、…モマタ)類推(…デモ、…ダッテ)最小限の希望(セメテ…ダケデモ、…デモ)強意(…モ)	種々の語
助詞	ぞ なむ	24	強意	種々の語